「幼児期の終わりまでに育ってほしい姿」（10の姿）と重要事項（プラス5）を見える化！

10の姿 プラス5・実践解説書

3法令改訂（改定）の主要ポイントをよく分かる解説と写真で見る実践事例で

無藤　隆・編著

まえがき

　幼稚園教育要領、保育所保育指針、幼保連携型認定こども園教育・保育要領が同時改訂（改定）され、その中核をなすものが、資質・能力の考え方とそれに基づく5つの領域と幼児期の終わりまでに育ってほしい姿、また乳児保育の3つの視点などです。では、それらの大事なポイントはどのように保育の実践に活かせばよいのでしょうか。実は、この改訂（改定）はまったく新しいことというより、既に全国の少なからぬ園で実践されている良質な保育のエッセンスをすべての園でも実践できるように表したものなのです。ですから、そのような保育の中に既にそれらのポイントが潜んでいます。本書では、その明示

化を行い、「幼児期の終わりまでに育ってほしい姿」（10の姿）を中心に、それらが総合的な活動としての遊びや生活の中でどう活かされているかを解説しました。子どもの活動の様子には幾つもの姿がつながり合って現れます。同時に、その10の姿は、分析の視点となり、そこから活動のいろいろな面を捉え、保育の質を上げていくことができます。

　執筆には、全国の園への助言活動を行い、また我が国の保育研究をリードし、次世代の研究・実践・施策を担うであろう方々をお願いしました。ぜひ現場の保育の質を高めていくための参考書としてご活用ください。

無藤　隆

ひかりのくに

JN254516

小学校1年生による「幼児期の終わりまでに育ってほしい姿」の解説

中岡みそら・中岡雄介

京都市の幼稚園の先生の小学校1年生になるお子さんがこういうことを話してくれたそうです。「僕が娘に、幼稚園教育要領と「幼児期の終わりまでに育ってほしい姿」（10の姿）について簡単に内容を説明してから、娘に解説してもらいました」（京都市・中岡雄介先生）とのことです。無藤 隆

1 健康な心と体

健康で元気でいられると、うれしいでしょ？　健康で体も心も痛くない。元気なおじいちゃんおばあちゃんになったらハッピーでしょ？　ハッピーだとジャンプしたくなるの。

2 自立心

逆上がりとかできひんかったとき、友達と一緒に特訓して、頑張って、やっとできるようになった！
年中からやり始めて、年長の秋にできるようになったよ！先生にちょっと手伝ってもらった。初めてできたとき、友達と「やったね！」ってジャンプした。めちゃうれしかった！
家帰って、母ちゃんに、「逆上がりできたよ！」って言ってん。母ちゃんも「やったね！」って言ってた！

3 協同性

劇をみんなで「頑張ろー！」って、力を合わせて練習した。間違えたときも「力を合わせよう」って、頑張ろうっていう気持ちになった。
ドキドキして震えそうだったけど「ドキドキを吹っ飛ばせ！」って思って、心の中で言ってみた。そしたら、みんなで頑張ったらドキドキが 吹っ飛んだ！
みんなでうまくいったから「やったー！」って思ったの。

4 道徳性・規範意識の芽生え

友達と二人でブランコに乗りに行ったらね、一個は先に、誰かが乗っていたから、空いている方に友達と二人乗りしたよ。それで、友達が「一人で乗りたい」って言ったときは、自分が待ってた。
あと、明日は友達で、今日は自分が先ねって決めたこともあったよ。
友達と縄跳びをしていて、ちょっと違うとこへ行っただけで友達が怒ったことがあった。
「なんでそっち行くの？」って言われた。
友達は「100回『ごめんなさい』言いなさい！」って言った。1回は言ったけど許してくれなかった。でも次の日には許してくれた。「なんで許してくれへんの？」って思ったし、なんでか聞いたら、「悪かったから」って。自分は全然悪くなかったのに。「自分は悪くない」って言ったけど、「悪い」って言われた。まだ納得いっていない。

5 社会生活との関わり

幼稚園の帰りに、家の前でおばあちゃんと挨拶した。
「ただいまー」って言ったら
おばあちゃんが「おかえり」って言ってくれはった。
「バイバイ〜」って手を振った。ハッピーな気持ち！

6 思考力の芽生え

工作で、「何をしようかな」って考えて、
「いいこと思い付いた！」ってひらめいて、
現実になって大きくなっていくから、ハッピー！

7 自然との関わり・生命尊重

自然がなかったら寂しい。豊かにどんどん緑があったらとってもいい！ キュウリとか、おいしいものもある。ウサギがいたら、寂しくなくなったりハッピーなことがあるかもしれない！

8 数量や図形、標識や文字など への関心・感覚

学校でひらがなを習ってひらがなができるようになるのが、すごいと思うな。だんだん積み重ねていって、字がきれいになる。数字もどんどんきれいになる。いろいろな形も書けるようになる。幼稚園で先に学んでいたら、学校でもバッチリで、はなまるがもらえるかもしれない。100点取ったら気持ちいい！ ハッピーって思うの。
今日は良い日って。

9 言葉による伝え合い

小学校でけがしたら友達が助けてくれる。先生に友達が知らせてくれるの。それで保健室に連れて行ってくれる。それで「ここが痛い」って言葉で伝える。幼稚園で言ってたから、小学校でも言えたよ。
嫌なことがあったら、先生と相談して、言えたら気持ち良くなる。それで、100点取ったみたいな気持ちになるの！

10 豊かな感性と表現

感動したら泣いちゃうよ。大泣きになる。
連続逆上がりを友達ができたのを見たとき、「自分もできるようになりたいな」「友達ってすごいなー」って思ったときがあった。自分ができるようになって、友達に教えたげたら、その友達もできるようになった。「友達もできて良かったね！」って思った！

これが「10の姿」の意味 ……改訂（改定）の全てに関わる

（P.4 と P.127 も参照）

左のように、小学校1年生が自分の言葉で言い換えてくれると、よく分かるものです。

ここで今回の改訂（改定）における、乳幼児期の子どもの育ちの全体像を捉え直したいと思います。P.127 の図「姿の実現」と、P.4 の表を見ながら、以下を読んでください。それだけで理解するのではなく、つながりの中で捉えてください。

何を育てる?? ● ● ● ● ● ● ● 0歳から18歳まで

子どもの「資質・能力」を育てる！

「資質・能力」とは…3つの柱からなる（乳幼児期…基礎）
● 「知識及び技能の基礎」…… 子どもが「気付く」「できる」「分かる」 など
● 「思考力、判断力、表現力等の基礎」…… 子どもが「工夫する」「試す」「考える」「表現する」 など
● 「学びに向かう力、人間性等」…… 子どもが「意欲をもつ」「頑張る」「粘り強く取り組む」 など

育っている子どもの姿は？ ● ● ● 途中経過を具体的に示し、保育を進める際の目途に！

「幼児期の終わりまでに 育ってほしい姿」（10の姿）として示す

これは「資質・能力」の3つの柱が5歳児の後半になって、5つの領域の内容において、どのような姿として育ち、伸びていくかを示しています。この姿で子どもの育ちを見取っていきましょう。具体的に示してあり、小学校の先生にも、保護者にも、一般の大人にも分かりやすくなっているので、幼児教育で何を育てようとしているのかが、社会に開かれたと言えます。日本の幼児教育の根幹です！

※ P.4 の表に、3つの柱によって構成されていることがよく分かるように、目安として色分けして示しています。

「資質・能力」が乳児から
　　　小学校以降へと伸びていく…
それをチェックする窓口が
「幼児期の終わりまでに
　　　育ってほしい姿」（10の姿）

「幼児期の終わりまでに育ってほしい姿」（10の姿）は、「育みたい資質・能力」の３つの柱を示している！

　新しい要領、指針、教育・保育要領の肝要の部分として、以下に示す『幼稚園教育要領　第１章　総則　第２　幼稚園教育において育みたい資質・能力及び「幼児期の終わりまでに育ってほしい姿」』を抜粋しました（指針、教育・保育要領にも同様の記載有り）。その上で、前頁で述べたように、資質・能力の３つの柱によって10の姿ができていることを、厳密には分けられませんが、色分け（「知識及び技能の基礎」＝黄色、「思考力、判断力、表現力等の基礎」＝青色、「学びに向かう力、人間性等」＝ピンク色）して示してみました。そこを読み取って、理解につなげていただきたいと思います。

（編集部）

幼稚園教育要領　第１章　総則

第２　幼稚園教育において育みたい資質・能力及び「幼児期の終わりまでに育ってほしい姿」

1　幼稚園においては、生きる力の基礎を育むため、この章の第１に示す幼稚園教育の基本を踏まえ、次に掲げる資質・能力を一体的に育むよう努めるものとする。

(1) 豊かな体験を通じて、感じたり、気付いたり、分かったり、できるようになったりする「知識及び技能の基礎」
(2) 気付いたことや、できるようになったことなどを使い、考えたり、試したり、工夫したり、表現したりする「思考力、判断力、表現力等の基礎」
(3) 心情、意欲、態度が育つ中で、よりよい生活を営もうとする「学びに向かう力、人間性等」

2　1に示す資質・能力は、第２章に示すねらい及び内容に基づく活動全体によって育むものである。

3　次に示す「幼児期の終わりまでに育ってほしい姿」は、第２章に示すねらい及び内容に基づく活動全体を通して資質・能力が育まれている幼児の幼稚園修了時の具体的な姿であり、教師が指導を行う際に考慮するものである。

(1) 健康な心と体
幼稚園生活の中で、充実感をもって自分のやりたいことに向かって心と体を十分に働かせ、見通しをもって行動し、自ら健康で安全な生活をつくり出すようになる。

(2) 自立心
身近な環境に主体的に関わり様々な活動を楽しむ中で、しなければならないことを自覚し、自分の力で行うために考えたり、工夫したりしながら、諦めずにやり遂げることで達成感を味わい、自信をもって行動するようになる。

(3) 協同性
友達と関わる中で、互いの思いや考えなどを共有し、共通の目的の実現に向けて、考えたり、工夫したり、協力したりし、充実感をもってやり遂げるようになる。

(4) 道徳性・規範意識の芽生え
友達と様々な体験を重ねる中で、してよいことや悪いことが分かり、自分の行動を振り返ったり、友達の気持ちに共感したりし、相手の立場に立って行動するようになる。また、きまりを守る必要性が分かり、自分の気持ちを調整し、友達と折り合いを付けながら、きまりをつくったり、守ったりするようになる。

(5) 社会生活との関わり
家族を大切にしようとする気持ちをもつとともに、地域の身近な人と触れ合う中で、人との様々な関わり方に気付き、相手の気持ちを考えて関わり、自分が役に立つ喜びを感じ、地域に親しみをもつようになる。また、幼稚園内外の様々な環境に関わる中で、遊びや生活に必要な情報を取り入れ、情報に基づき判断したり、情報を伝え合ったり、活用したりするなど、情報を役立てながら活動するようになるとともに、公共の施設を大切に利用するなどして、社会とのつながりなどを意識するようになる。

(6) 思考力の芽生え
身近な事象に積極的に関わる中で、物の性質や仕組みなどを感じ取ったり、気付いたりし、考えたり、予想したり、工夫したりするなど、多様な関わりを楽しむようになる。また、友達の様々な考えに触れる中で、自分と異なる考えがあることに気付き、自ら判断したり、考え直したりするなど、新しい考えを生み出す喜びを味わいながら、自分の考えをよりよいものにするようになる。

(7) 自然との関わり・生命尊重
自然に触れて感動する体験を通して、自然の変化などを感じ取り、好奇心や探究心をもって考え言葉などで表現しながら、身近な事象への関心が高まるとともに、自然への愛情や畏敬の念をもつようになる。また、身近な動植物に心を動かされる中で、生命の不思議さや尊さに気付き、身近な動植物への接し方を考え、命あるものとしていたわり、大切にする気持ちをもって関わるようになる。

(8) 数量や図形、標識や文字などへの関心・感覚
遊びや生活の中で、数量や図形、標識や文字などに親しむ体験を重ねたり、標識や文字の役割に気付いたりし、自らの必要感に基づきこれらを活用し、興味や関心、感覚をもつようになる。

(9) 言葉による伝え合い
先生や友達と心を通わせる中で、絵本や物語などに親しみながら、豊かな言葉や表現を身に付け、経験したことや考えたことなどを言葉で伝えたり、相手の話を注意して聞いたりし、言葉による伝え合いを楽しむようになる。

(10) 豊かな感性と表現
心を動かす出来事などに触れ感性を働かせる中で、様々な素材の特徴や表現の仕方などに気付き、感じたことや考えたことを自分で表現したり、友達同士で表現する過程を楽しんだりし、表現する喜びを味わい、意欲をもつようになる。

2018年度施行の幼稚園教育要領より抜粋（保育所保育指針、幼保連携型認定こども園教育・保育要領にもほぼ同様の記載あり）。下線等は編集部による。

もくじ

1.
健康な心と体

千葉大学　教育学部　教授
松嵜　洋子

● 幼児期の終わりまでに育ってほしい 「健康な心と体」の姿

　子どもが活動するためには、心と体が健康であることは欠かせません。この心と体はどちらか一方が他方に影響を与えるものではなく、心が体に影響を及ぼし、体は心に影響を与えて、双方向的に影響し合っています。やりたいことに主体的意欲的に取り組む心や、やりたいことを実現するために動く体、そして体を動かして実行する活動は、子どもに楽しさや面白さ、充実感をもたらします。「幼稚園教育要領」では、「幼稚園生活の中で，充実感をもって自分のやりたいことに向かって心と体を十分に働かせ，見通しをもって行動し，自ら健康で安全な生活をつくり出すようになる。」と示されています。これは、領域「健康」と深く関わっていますが、それだけでなく5領域全ての内容と関わって育つ姿です。

　このような姿が育つためには、子どもの特性や発達を配慮して物理的環境や人的環境を構成することや、子どもの安心や安全を確保することが保育者に求められます。それだけでなく子ども自身が主体的、意欲的に取り組みながら考えたり想像したり工夫したりすることが可能な環境を整えたり、集団の中で遊びや活動をする際に自分たち自身でルールやきまりを守ったり余地を作ったりすることも必要です。本章では、「健康な心と体」の姿を活動に取り組む様子から述べていきます。

1．意欲的、主体的に取り組む

　5歳児後半になると『今日は○○くんたちとドロケ

イをしよう』『昨日の続きのおうちを作ろう』など、その日に取り組む活動を思い描き、楽しみにして毎朝登園します。自分の遊びたいことややりたいことを明確に自覚して主体的に取り組み、1つの活動に長期間持続して取り組む様子が見られます（写真1）。

▲「やりたい」ことだから順番を待っている（写真1）
（認定こども園、5歳児）

　これは遊びに限るものではなく、準備や片付け、食事、清潔、着替えなどの生活に関わることについても進んで取り組むようになります。

　例えば、野菜を栽培し、収穫したものを調理する経験は、料理の素材への興味や食べ物への関心を高めることにつながります。また、たくさん体を動かしてお

なかがすく経験をした子どもたちは自分の体の状態に対して敏感になります。バランス良くいろいろな料理を食べることや食べる量を調節することなどは、健康な体にとって重要なことです（写真2）。自分で選び取り組んだことや疑問に思い解決することは、うまくいかなくても諦めたりすぐに飽きたりせずに、何度も考えて工夫したり、友達がやっていることをまねたりするなど、様々なことを試みます。

▲ 選ぶものを考えたり、友達のをまねたり……（写真2）
（認定こども園、4歳児）

も求められ、状況を判断しながら適切な動きをすることができるようになります（写真3）。

▲ 様々な状況を判断し、適切に動く（写真3）
（認定こども園、5歳児）

多様な種類の動きができると、手や足など別の部位の動きを同時に行う、ものを操作しながら動くように複雑な動きをしたり、走ってからジャンプするように複数の動きを組み合わせて一連の動きをしたりするなどへと発展していきます。さらに多様な種類の動きを複雑に組み合わせ、ルールのある遊びを楽しむようになります。

2. 多様な種類の動きを経験する

体を動かすことは、楽しさや心地良さをもたらします。しかしやりたいことが実現できるためには、思った通りに体が動くことが必要となります。遊びや活動に必要となる基本的な動きは、座る、立つなど姿勢を維持する平衡系の動作、走る、跳ぶなどの移動系動作、持つ、投げるなどの操作系動作の3つに大別することができ、それぞれ多くの種類があります。

例えば「走る」という動きには様々な「走る」があります。鬼ごっこで捕まらないように逃げるためには真っすぐ走るだけでなく、鬼が進む方向を予測して鬼やほかの子どもたちとぶつからないように進路やスピードを調節して動くことが必要です。手つなぎ鬼やドロケイのようなチームでの遊びでは、味方と相手チームのメンバーを見分け、仲間を助けるために走ること

3. 動きをコントロールする

子どもは多様な動きを獲得して自在にコントロールできるようになると、今目の前にあるものだけを意識して行為したり遊んだりするだけではなく、その前後も含めた一連の活動として捉えて行動するようになります。例えば、空き箱を使った製作をする際に、まず机を出して使いやすい位置からセロハンテープやフェルトペンを出してから始める、また作った製作物は次の活動に邪魔にならないように棚の上に置く、次に使いやすいように元の場所に片付ける、などのように、子どもは次第に見通しをもって遊びの準備から片付けまでをするようになります。

また、それぞれの動きが精緻化するにつれて、自分の行動だけに注目するのではなく、周囲の状況や周りにいる子どもたちの行動にも気持ちを向け関心をもつ

ようになります。遊びの中で、何をどのようにしたらよいのかの判断を行い、場所や場面、状況などを意識しながら行動します（写真4）。

▲ 周囲の状況に気を配り、見通しをもって
意識的に行動する（写真4）
（保育園、5歳児）

　最初は保育者からルールを示され、それを守って遊ぶことから、次第に自分たちで行動をコントロールすることができるようになります。例えば、鬼ごっこ遊びでは、このくらいの広さの場所でこの人数で遊ぶのなら、どのようにすると楽しく遊ぶことができるか、自分たちでルールを工夫して考えるようになります。「つかまらないとおもしろくないから、おには4にんにしよう」「つかまってもタッチされたら、またあそびに、はいれるようにしよう」「ちいさいこがあそんでいるから、すなばには、はいらないようにしよう」など、決められた遊び方やルールではなく、より面白く遊ぶために自分たちでルールを考えたり、さらに自分たちが行っている遊びだけでなく、周囲の状況に気を配り、その中で遊んだりするという意識をもつようになります。それまで園庭やホールで経験して養ってきた体感覚を駆使して体をコントロールして、適切な状況判断と遊びの面白さを両立するように工夫するのです。

4. 生活場面の習慣が身に付く

　このような行動は遊び場面に限ったことではありません。外に出るときに帽子をかぶる、使ったおもちゃを片付ける、砂遊びをして手が汚れたから手を洗うなど、自分で健康で安全な生活をつくるようになります。体を動かして汗をかいた後に着替えるとさっぱりして気持ちが良いと感じるようになり、自ら行動して心地良さをつくる姿も見られます。最初は保育者から指導されたり促されたりすることで行動しますが、日ざしの暑さを感じて日陰に入るときの心地良さを感じたり、洗ってきれいになった手指を見たりする日常を過ごすことで、行動が身に付き、当たり前にできるようになります。

　食事場面においても、必要な箸やコップ、ランチョンマットを並べ、食べ終わった後で畳んだり袋に入れたりして片付けることも1つのつながった出来事として捉え、生活の流れの中に位置付けられます。脱いだ靴をそろえて靴箱に入れてから保育室に入る、着替えた服を畳んで重ねるなどの行為と同様に、意識しなくても体が自然に動くようになり習慣となります（写真5）。

▲ 着替える、畳む、重ねて置くなどが
自然に身に付いてくる（写真5）
（保育園、5歳児）

5. 様々な領域につながる

　遊び活動においても生活の場面においても、友達の

動きを見てまねたり、同じ遊びに取り組むなど、保育者からやり方を教えられたことだけでなく、友達の行っていることに興味をもったり刺激を受けることがあります。友達が楽しそうに取り組んでいるのを見て、コツを教えてほしいと自ら頼むこともあります。時には、今まで取り組んだことも見たこともない新たなことに対しても勇気を出して挑戦することもあります。一人では無理だと諦めてしまうことも仲間と一緒に取り組んでみる、励まされて挑戦しようとする、できなくても応援されてもう一度取り組んでみるなど、友達の行動が手本になったり心理的な支えになったり、体を動かす原動力になります。自分が取り組んでいることに友達が興味を示したり同調したりしたときは、認められてうれしいという感情をもち、自己肯定感につながります。一緒に体を動かして友達と気持ちを共有したり一緒に喜んだりする経験はさらにもっとやりたいという気持ちを引き起こします。このような子どもの姿は、領域「人間関係」や「環境」に密接に関わる内容です。

このように体を動かす経験を何度も重ねると、自分のやりたいことだけに取り組んだり自己主張したりするようになります。さらにそれだけではなく、友達のやりたいことを認めたり相手に譲ったりするなど、相手の状況や気持ちを読み取り理解して、折り合いを付ける行動が取れるようになってきます。時には、互いに納得できる新たなプランを見いだすときもあります。そのためには行動するだけでは十分ではなく、言葉のやり取りが有効な手段となるため、「言葉」の領域とも深く関わっています。また、園の中で子どもたちは実際に体を動かして様々なことに取り組んでいますが、体を動かすことそのものが「表現」の1つであることから、5領域のそれぞれとつながっていることが分かります。体の様々な部位が柔軟に動いて伸びやかに体を動かすことは、しなやかでたおやかな心をつくることにつながります。

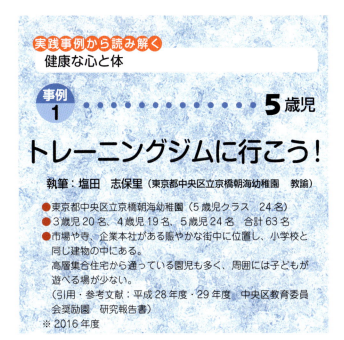

実践事例から読み解く
健康な心と体

事例 1 ●●●●●●●●●●●●● 5歳児

トレーニングジムに行こう！

執筆：塩田 志保里（東京都中央区立京橋朝海幼稚園 教諭）

● 東京都中央区立京橋朝海幼稚園（5歳児クラス 24名）
● 3歳児20名、4歳児19名、5歳児24名 合計63名
● 市場や寺、企業本社がある賑やかな街中に位置し、小学校と同じ建物の中にある。
高層集合住宅から通っている園児も多く、周囲には子どもが遊べる場が少ない。
（引用・参考文献：平成28年度・29年度 中央区教育委員会奨励園 研究報告書）
※ 2016年度

親子で体を動かして楽しむ会

11月上旬、園行事として親子で体を動かして楽しむ会を開催しました。当日は講師を招き、体幹を鍛える動きを親子で経験しました。会の翌日には、一斉での活動として前日に経験したいろいろな動きを取り上げ、保育者の動きをまねしながら5歳児クラスのみんなで楽しみました。

ランニングマシーン

その数日後、好きな遊びの時間にH児が大型積み木と巧技台の傾斜板を組み合わせて何かを作り始めました。「ランニングマシーンをつくったんだ。はやさもかえられるんだよ」とボタンを押すまねをして走る動きを始めたので、保育者が「どんな速さがあるの？本当にボタンがあると、本物みたいだね」と声を掛けました。「すごくはやい、はやい、ゆっくり、をえらべるんだよ。ボタンは、かみにかいてここにはってみよう」と、より本物らしく、ランニングマシーンを作り始めました。

子どもが遊びを広げる

ボタンを押してスピードを変えながら、跳び板の上を全速力で走るまねやゆっくりと歩くまねをして本当にランニングマシーンで走っているような動きを楽しんでいます（写真1・2）。楽しそうなH児にひかれ、3名ほどの子どもが近寄ってきて、遊びの仲間になりました。

▼「たのしそう！」と近寄ってくる子
H児は次のトレーニングを確認（写真1）

▲H児のように次のトレーニングを確認（写真2）

I児が「ランニングマシーンがおわったら、きんにくのトレーニングもしなきゃ」とつぶやき、大型積み木で土台を作り、その上に布を敷いて、筋力トレーニングをする場所をランニングマシーンの隣へ作りました。そこへ横になると、上半身を起こして腹筋を鍛えるまねを何度も繰り返しています（写真3）。

▲腹筋運動を何度も繰り返している（写真3）

保育者の一言でまた広がる

「ランニングマシーンと筋肉のトレーニングをする場所もあるのね。トレーニングジムみたい」と保育者が言うと、「それなら、たいそうするばしょもつくらなくっちゃ！」とI児が思い付きました。H児、J児も賛成して3人が積み木で囲いを作り、今度は体操をするスペースを作りました。I児が「たいそうをするおんがくをよういしなくっちゃ！」とつぶやいていたので、「この間みんなでやった体操をやってみる？」と子どもたちに声を掛け、一斉活動で経験した体幹を鍛える動きのテンポに合いそうな音楽をかけました。保育者が音楽に合わせて動いてみせると、3人もまねて動き始めました。最初はぎこちなかった子どもたちですが、次第に慣れてきて楽しそうに、リズムに乗って腕や足を上げています（写真4）。音楽に合わせて楽しそうに体を動かす3人に誘われて、通り掛かった

子どもたちが自然と遊びに入り、遊びの仲間がだんだんと増えていきました。こうして、最初は体操コーナー、次にランニングマシーン、そして筋肉トレーニングというトレーニングジムの流れをつくり、順番に回って遊びました。

▲ リズムに乗って、腕や足を上げる（写真4）

「健康な心と体」は すべてに通じる広がりのもと

このトレーニングジムごっこは、数日間続きました。新しく遊びにやって来た友達に「まずはたいそうからです」「ランニングマシーンのはやさはどれにしますか？ ボタンをおしてください」などと声を掛け、ジムを案内する係の動きを楽しむ姿も出てきました。

さらにクラスのほかの子どもたちも加わって、今までの遊びの経験から、トレーニング後のマッサージコーナーや休憩ができるレストランなども作り、遊びが盛り上がりました（写真5）。子どもたちの面白い思い付きを基に、それぞれのイメージが共有されながら、遊びが展開していきました。

事例から学ぶ

5歳児クラスのこの時期になると、子どもたちは互いに好きなことや得意なこと、苦手なことなど、すでに互いの性格特徴や行動傾向をよく理解しています。

この事例は、クラスみんなで取り組んだ経験をその後の好きな遊びの一部に取り入れて、新しい遊びへと発展したものです。最初に思い付いて遊びを始めた子どものランニングマシーンのイメージを保育者がきちんと理解して共有することにより、遊びのイメージが広がり、次の活動へと広がりました。それを見て面白そうだと近づいてくる子どもは、さらに遊びを広げて場を作ったり、遊びのイメージを膨らませてさらに遊びを充実させたりしていきます。それぞれが思い付いた遊びで、友達とイメージを共有して体を動かしました。1つの活動は一人ずつしかできないものもあり、それぞれの動きは単純で簡単なものですが、サーキット形式にして順に取り組むことにより、多様な動きを経験することができ、また友達と一緒に体を動かす楽しさを味わうことができました。子どものそれまでの経験や、それぞれの得意なこと、良さを生かしながら、緩やかな遊びの空間を作り上げ、みんなで楽しむことができるのは、それまでの子どもの主体性を尊重した豊かな遊びの経験がこの時期に実を結んだものです。

▼ マッサージコーナーや休憩コーナーもできている（写真5）

事例 2 • • • • • • • • • • • • • **5歳児**

片付けも自分たちで

執筆：松嵜　洋子（千葉大学）
実践者：太田　真梨乃（東京都中央区立京橋朝海幼稚園　教諭）

● 東京都中央区立京橋朝海幼稚園（5歳児クラス　17名）
● 3歳児24名、4歳児18名、5歳児17名　合計59名
● 市場や寺、企業本社がある賑やかな街中に位置し、小学校と同じ建物の中にある。
　高層集合住宅から通っている園児も多く、周囲には子どもが遊べる場が少ない。
※ 2017年度

運動遊具を片付ける

　5歳児の子どもたちはいつも巧技台やマット、フラフープなどを使って、跳んだり、巧技台を渡ったり、跳び箱によじ登ったり飛び降りたりしてたくさん遊んでいます。片付けの時間になり、「そろそろ片付けにしよう」とO先生が声を掛けました。すぐに子どもたちは遊びをやめて、遊具を片付け始めます。それぞれの遊具を片付ける場所は決まっていて子どもたちは知っており、保育者が何も指示しなくても子どもたちは使ったフラフープやマットなどを所定の場所に手際良く運んでいきます。ボールは箱の中に入れます。

健康な心と体を育てるための環境構成の考え方

　巧技台や跳び箱は、床に位置を示すテープが貼ってあり（写真1）、子どもたちにも置き場所が分かるようになっています。跳び箱は重いので、ばらばらにして一段ずつ持って運びます。巧技台の滑り台も自分たちで外して2人で運びます。滑り台は跳び箱の奥に片付けるので、巧技台を運んで来た子どもたちが置いて片付けるのを、先に跳び箱の一段を持って片付けようとした子どもはその場で待っています（写真2）。

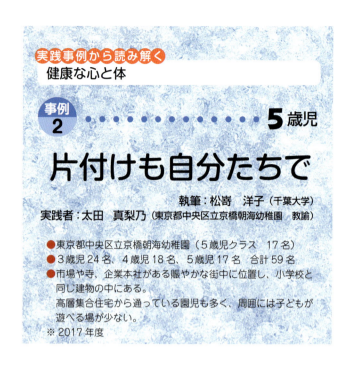

▲ 置き場所が分かるように貼ってある（写真1）

置き場所を理解し、順番を待っている（写真2）▶

5歳児の健康な心と体の姿

　跳び箱は小さい上の段から順番に外して運びますが、片付け場所に置くときは逆に大きい下の段から、一段ずつ順番に重ねていきます。A児が運んで来たパーツを重ねようとしたら、小さい段で順番はまだ後だったようで、うまく重ねることができませんでした。困った顔を見て、そばに立っていたT児が「こっちがさきだよ」と優しく声を掛けました。するとA児は一度置いた段を両手で後ろに下がって、T児が置くのを待ち、終わった後でA児はその上に慎重に重ねて置きました。その次の子どもも同様にしました。どの子どもも自分が持った段を置く順番が来るのを、声を荒げることもなく辛抱強く待っていました。

　そして全ての遊具を置いて片付けが終わると、保育者に「かたづけたよ」と伝えに行き、子どもたちは何事もなかったように次の活動に移っていきました。

事例から学ぶ

　園のどこに何があるかをすでに把握している子どもたちにとって、大型の遊具を片付けることは、5歳児になったことの証明です。保育者から見ると少し危ないように思えることでも、保育者の環境構成ができていれば、自分の体と心をしっかりコントロールすることができる子どもたちは自覚をもって片付けをすることができます。一人ではできないことでも友達と一緒にやればできる、みんなで協力すれば、大きな巧技台も運ぶことができるということは、一人一人の体の使い方が分かって実現することであり、その必然性が、取り組んでみたいという意欲になり、そして気持ちを合わせる楽しさをみんなで感じることが自信や仲間への信頼へとつながります。

　このような姿は5歳児だけで現われる姿ではありません。保育者が片付けをしていると、そのそばで3歳児が一人では持てない重い遊具を友達と一緒に「ヨイショ、ヨイショ」と声を掛けながら楽しそうに引きずっていました（写真3）。

　遊ぶのは楽しくても、片付けを主体的に取り組むことが難しいことは少なくありません。しかしそれぞれの年齢発達や経験に合わせた片付け環境が整備され、子どもたちに分かりやすいように明示されていれば、保育者がその場で指示しなくても子どもたち自身が主体的に体を動かして挑戦し、楽しみながらやり遂げることができます。

　子どもの体と心の成長を育む日々の保育の積み重ねが、子どもたちの姿を形づくります。

3歳児も、楽しそうに▶
片付けを手伝う（写真3）
（幼稚園、3歳児）

2.
自立心

国立教育政策研究所　幼児教育研究センター　総括研究官

掘越　紀香

I　自立心とは

　「幼児期の終わりまでに育ってほしい姿」の中で、「自立心」は、社会情動的スキル（いわゆる非認知的能力）、育みたい資質・能力の１つである「学びに向かう力」と深く関連しています。「学びに向かう力」とは、「自分の気持ちを言う」「相手の意見を聞く」「物事に挑戦する」などの自己主張、自己抑制、協調性、頑張る力（挑戦、集中力、持続力・粘り強さ）、好奇心に関係する力とされています（ベネッセ、2016[注]）。また、社会情動的スキルについて、経済協力開発機構ＯＥＣＤ（2015）は、目標の達成（忍耐力、自己制御、目標への熱意）、他者との協力（社交性、敬意、思いやり）、情動の制御・管理（自尊心、楽観性、自信）の３点から捉えています。

　「自立心」は、保育者との信頼関係を基盤に自己を発揮し、身近な環境に主体的に関わり、自分の力で様々な活動に取り組む中で育まれるものです。幼稚園教育要領や保育所保育指針等では、「自立心」について、以下のように記されています。

　「身近な環境に主体的に関わり様々な活動を楽しむ中で，しなければならないことを自覚し，自分の力で行うために考えたり，工夫したりしながら，諦めずにやり遂げることで達成感を味わい，自信をもって行動するようになる。」

　そこで、「自立心」について、まずは５領域との関連を取り上げながら、考えていきます。「自立心」は、特に領域「人間関係」と深く関連しています。例えば、幼稚園教育要領の「人間関係」の「ねらい」では、「(1)幼稚園生活を楽しみ，自分の力で行動することの充実感を味わう。」のように、自分の力で行動することが取り上げられています。「内容」では、「(2)自分で考え，自分で行動する。」「(3)自分でできることは自分でする。」「(4)いろいろな遊びを楽しみながら物事をやり遂げようとする気持ちをもつ。」などが当てはまるでしょう。

　また、「内容の取扱い」ではさらに明確に、「(1)・・・幼児が自ら周囲に働き掛けることにより多様な感情を体験し，試行錯誤しながら諦めずにやり遂げることの達成感や，前向きな見通しをもって自分の力で行うことの充実感を味わうことができるよう，幼児の行動を見守りながら適切な援助を行うようにすること。」や、「(2)・・・集団の生活の中で，幼児が自己を発揮し，教師や他の幼児に認められる体験をし，自分のよさや特徴に気付き，自信をもって行動できるようにすること。」のように記載されています。ただし、「自立心」は、領域「人間関係」だけでなく、ほかの領域に関わる活動全体を通して育まれるものであることに留意する必要があります。

注：　引用文献　ベネッセ教育総合研究所
　　　『幼児期から小学１年生の家庭教育調査・縦断調査（速報版）』2016

1. 身近な環境に主体的に関わり 様々な活動を楽しむ

　次に、幼稚園教育要領や保育所保育指針等で記載された「自立心」の定義について考えてみましょう。最初の「身近な環境に主体的に関わり様々な活動を楽し

む」ことは、今回の改訂で示された幼児期の教育における「見方・考え方」である、「幼児が身近な環境に主体的に関わり，環境との関わり方や意味に気付き，これらを取り込もうとして，試行錯誤したり，考えたりするようになる」こととも関連しています。保育者との信頼関係を十分に築いた上で、自己を発揮し、身近な環境に主体的に関わることや、関連する様々な活動を楽しみながら多様な感情体験をすること、そこで考えたり工夫したり試行錯誤したりすることは、幼児期の教育の基本です。「自立心」に限らず、「幼児期の終わりまでに育ってほしい姿」（10の姿）や「5領域」全てと深く関わっている内容とも言えます。

2．しなければならないことを自覚する

　5歳児の後半になると、遊びや生活の中で様々なことに取り組んだり挑戦したりして、失敗や間違いも含め繰り返し経験する中で、自分で「しなければならないことを自覚する」ようになってきます。例えば、モルモット当番で餌（えさ）の準備をしたり、掃除をしたりすることは、少し慣れてくると面倒なことかもしれませんし、時々当番を忘れる子がいて仲間が探しに行く姿も見られます。しかし、生き物と過ごす生活の中で生命の大切さや愛情を感じるようになり、次第にみんなの「チョコちゃん」「ハッピーちゃん」の世話をする責任感が芽生えていきます。グループの仲間と分担しながら掃除したり、当番を確認し合ったり、小さい組の幼児に抱き方などを教えたりする姿には頼もしさも感じられます。しなければならないことが分かり、自分あるいは自分たちで活動を進めようとする姿に、幼児なりの責任感が発揮されていると言えるでしょう。

◀5歳児の
　モルモット当番：
　「おやさい、たべて」

3．自分の力で行うために考えたり、工夫したりする

　保育者との信頼関係が築かれて情緒が安定すると、幼児は身近な環境に興味・関心をもって自ら関わるようになり、さらに物事に集中・没頭して取り組んだり、自分の力でやってみようと頑張ったりするようになります。例えば、4歳児において、積み木を高く積もうと集中・没頭しているとき、積み木の形をそろえてきれいに積み上げ、場合によっては崩れないように積み直して調整するなど、工夫しながら取り組む姿が見られます。高さが届かなくなると、自分で考えて箱積み木の上に乗ったり、それでも届かなくなれば保育者に相談してより大きな台を探したりしながら、何とか自分の力で高く積み上げようとするのです。タワーは残念ながら壊れてしまうのですが、積み上げていくプロセスで発揮された集中力と粘り強さ、高くきれいに積み上げるための工夫や試行錯誤が大切であり、同時に保育者や仲間から「すごい！」と認められるうれしさ、自分の力で高く積めた満足感や達成感を味わったと言えます。

▼4歳児のタワー積み木：「きれいに
　たかく　つみたい」

▼5歳児のドングリ転がしコース作り：「ポップコーンみたいに　はねて、いいおと　させたい」

▼5歳児のタワー積み木：「てんじょうに　とどくまで　こわさないでね」

5歳児後半になると、さらに高度な課題であっても頑張って取り組み、試行錯誤して考えたり工夫したりして、自分の力でやり遂げようとします。

4．諦めずにやり遂げることで 達成感を味わい、自信をもって行動する

　幼児は、保育者に支えられながら、物事を最後までやり遂げ、その達成感を味わう中で、「自立心」を育んでいきます。5歳児後半になると、保育者や仲間の力を借りたり励まされたりしながら、比較的長期にわたって諦めずに粘り強く取り組み、やり遂げる体験を通して、自信をもつようになります。例えば、コマやフープ、竹馬、一輪車などにチャレンジして取り組む活動では、すぐにできるようにはなりません。それでも、できるようになりたい、上手になりたいと思って目標をもったり、保育者の手を借りたり、仲間にアドバイスをもらったりしながら、熱心に取り組む姿が見られます。長期にわたって粘り強く継続し、やっとできたときの喜びと充実感・達成感は大きな自信となります。その後も、もっとうまくなろうと難しい技に挑戦したり、得意技を見付けてみんなに認められたり、ほかの仲間にコツを教えたりもします。仲間が達成したときも一緒に喜び、クラス全体で達成感を味わって、クラスの連帯意識が高まります。このような経験や活動を経て、年長児である自分たちに自信をもつようになり、その他の事柄にも意欲的に取り組むようになっていくのです。

▲5歳児の一輪車：「のれるように　なりたい」
▼5歳児の一輪車：「てつなぎわざ　できるよ」

II 中央教育審議会幼児教育部会の 資料から見た「自立心」

　「自立心」について、より深く理解するための手立てとして、中央教育審議会幼児教育部会の資料「幼児教育部会における審議の取りまとめ」（2016）を取り上げます。

・先生や友達と共に生活をつくり出す喜びを見出し、自分の力で行うために思い巡らしたりなどして自分でしなければならないことを自覚して行うようになる。
・自己を発揮し活動を楽しむ中で先生や友達に認められる体験を重ねることを通して、自分のことは自分で考えて行い、自分でできないことは実現できるように工夫したり、先生や友達の助けを借りたりしてくじけずに自分でやり抜くようになる。
・自分から環境に関わりいろいろな活動や遊びを生み出す中で、難しいことでも自分なりに考えたり工夫したりして、諦めず自分の力で解決しやり遂げ、満足感や達成感を味わい自らの生活を確立するようになる。
・家族、友達、先生、地域の人々などと親しみ合い、幼児なりに支え合う経験を積み重ね、自分の感情や意志を表現し共感し合いながら、自分のよさや特徴に気付き自信を持って行動するようになる。

　以上から、「自立心」は、まず自分の力で主体的に取り組もうとすること、難しいことでもすぐに諦めず自分なりに考えたり工夫したり、保育者や仲間の助けを借りたり支え合ったりして粘り強くやり遂げようとすること、そのプロセスの中で充実感や達成感を味わい自信がもてるようになること、と整理することができるでしょう。

III 小学校とのつながり

また、幼児期に「自立心」を育むことは、小学校生活をより充実して過ごすことにもつながると考えられます。例えば、入学直後は不安があっても、自己肯定感をもっていれば、次第に自分でできることは自分でやろうとしたり、目の前の課題や教材に興味をもって意欲的に取り組もうとしたりします。また、初めは分からないことや少し難しいことに戸惑う姿も見られますが、徐々に分からないことを教師に尋ねたり、仲間同士で助け合ったりなどして、自分なりに問題解決しようと工夫したり、諦めずに粘り強く取り組もうとしたりします。このように自己発揮をしつつ、少し難しいと感じたり途中で飽きたりする場面に遭遇しても、自分で励ましながら課題や活動を最後までやり遂げようとする「自立心」は、小学校での生活を安定して送り、健やかな育ちと豊かな学びを得ることにつながるでしょう。

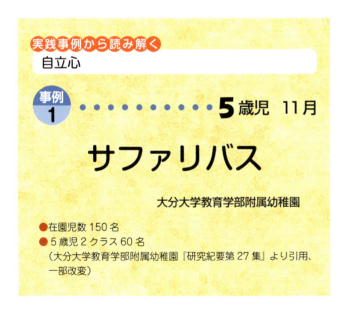

実践事例から読み解く
自立心

事例 1 ・・・・・・・・・ **5**歳児 **11**月

サファリバス

大分大学教育学部附属幼稚園

- 在園児数 150 名
- 5 歳児 2 クラス 60 名
 （大分大学教育学部附属幼稚園『研究紀要第 27 集』より引用、一部改変）

サファリごっこのあとで

　園庭でサファリごっこが行われました。5 歳児の製作した大きな段ボールの動物が飾られ、5 歳児は係を担い、招待された 3・4 歳児はサファリバスに乗ったり、動物に餌をあげたりしています。片付けの時間になり、5 歳男児 Y はグループの仲間とサファリバス（車

輪の付いた台車でサファリを周遊する）を片付けています。同じグループの 5 歳男児 K は「きょうはたくさんおきゃくさんがきてよかったな」と言いますが、Y はうつむいて黙々と片付けます。K が「どうしたの？」と尋ねますが、Y は不機嫌そうに「うるさい」とつぶやきます。二人は別々に看板やチケットを片付け、Y は疲れた表情で靴箱に向かいます。K は心配そうに後ろを歩いています。

▲ 大きな段ボールで作ったトラ

◀ サファリごっこのチケット売り場：3・4 歳児を招く

▲ サファリバス（ライオン）

「うれしくない　つかれた」

　その様子を見た保育者は「バスにたくさんお客さん来てくれて良かったね」と声を掛けます。Y は立ち止まってうつむきます。保育者が「バスを押して大変だったけど、行列ができてうれしかったでしょ？」と話すと、Y は「うれしくない、つかれた」と言います。

保育者は「そうかー。お客さんに『出発します』って言っているときのYくんの顔、にこにこしていてうれしそうだったよ」と伝えると、Yは不満そうに「だって、オレもまえのヒモひっぱりたいけど、うしろからおした。みんなじぶんかってにする」と話します。保育者は「そうだったね。Yくんが後ろから一生懸命押したから動いたね」と受け止め、心配そうに見ているKに「ちょっと来て」と声を掛けます。保育者は「Yくん、Kくんに今の気持ち、聞いてもらったら？」と話しますが、Yは「いや、いい」と断ります。Kも「どうした？」と尋ねますが、二人とも黙ってしまいます。保育者は「Yくんね、サファリバスを前で引っ張りたかったけど、後ろで押す人がいなかったから、ずっと後ろで押して疲れたんだって」と話すと、Kは「そっかー。あしたはオレもうしろでおすよ」と言います。保育者が「みんなにもYくんの頑張ったこととか、困ったことを言って、考えようか」と伝えると、Yは少し考えてうなずき、Kと靴箱へ行きます。

みんなでYくんの気持ちと がんばりについて考える

クラスで集まって、今日のサファリごっこで楽しかったことや困ったことを出し合ったとき、Yはサファリバスを後ろで押してばかりで楽しくなかったこと、グループの仲間が一緒に後ろから押してくれなくて疲れたことを話しました。話し合いの結果、みんなで順番に後ろから押すこと、忙しそうだったら当番でない人でも手伝うことを決めました。保育者が、Yは3・4歳児のために最後までサファリバスを押していたことを紹介すると、Yの不満そうだった表情も和らぎました。

▲ サファリバス（サイ）：「だいにんき！だけど、たいへん」

事例から学ぶ

　5歳児の協同的な活動でサファリごっこが行われたときの事例です。5歳男児Yはサファリバス係のグループでしたが、お客さんがたくさん来て大人気だった反面、ずっとバスを後ろから押してばかりで疲れて不満だったことを、保育者が引き出して気持ちを受け止めています。さらに、保育者が心配そうに見ていたKとの関わりを仲介したことによって、KからYへ「あしたは、オレもうしろでおすよ」と思いやりの言葉が伝えられたほか、お集まりの時間にYの不満について取り上げることで、サファリバス係をどうしたらよいか考えて話し合い、クラスの仲間ともつなげているのです。「自立心」に関わる姿としては、Yが3・4歳児のお客さんのために、疲れて大変であってもサファリバスを最後まで後ろから押し続けて、責任をもって係の仕事をやり遂げようとしたところに表れています。保育者がYの頑張った姿を認めてクラスで紹介し、問題解決に向けて話し合ったことで、Yは不満な気持ちに折り合いを付け、自分の頑張りを認めることにつながったのではないでしょうか。

実践事例から読み解く

自立心

 事例 2 ●●●●●●●●●●● **3**歳児　6月

坂道での筒転がし

奈良教育大学附属幼稚園

● 在園児数 140 名
● 3歳児1クラス24名

筒転がしを繰り返す

坂道で、3歳男児Aが大きな筒型クッションを押し

て登っています。Aは途中でバランスを崩して転びますが、すぐに立ち上がって筒を押して登ります。Aが頂上で筒から手を離すと、筒が勢い良く坂道を転がり、ほかの幼児たちは「わー！」「にげろー！」と笑いながら叫び、坂道を駆け下ります。Aも筒の転がる様子を見ながら駆け下ります。筒を追い越して、転がってくる筒を途中で止めますが、すぐに手を離して坂道の下まで駆け下ります。Aは筒が下まで転がってくるのを待ち、両手で筒を受け止めます。

▲ 筒型クッションを
　押して登る：
　「よいしょ、よいしょ」

坂道をを駆け下りる：▶
「わー！　にげろー！」

思い通りには進まないけれど

　その後、Aは筒を押したり足で蹴ったりして上まで運んでいきます。筒から手を離すとすぐに、坂の下まで駆け下ります。しかし、筒は右にそれて茂みに引っ掛かったため、Aは駆け寄って、筒を平行に移動させようとしますが、筒が大きくてなかなか動きません。それでもAは諦めずに筒を真ん中へ戻そうとします。Aが何とか筒をずらして手を離すと、筒は転がって下まで行きます。Aは筒を押して坂を登り、頂上で筒から手を離して転がし、坂を駆け下ります。しかし、筒がそれて茂みに引っ掛かったため、筒を平行に移動させて戻して転がします。

　筒が下まで転がると、Aはすぐに筒を押して坂を登り始めます。坂の途中で、4歳男児Bが車に乗って止まっています。Aは「どけてー」と声を掛けます。Bが車に乗って移動すると、Aはそのまま筒を押して頂上まで登っていきます。途中で筒がそれそうになると、坂道の真ん中に移動させて調整しながら、上手に筒を押しています。頂上まで到着したAは筒から手を離し、うれしそうに勢い良く下まで駆け下ります。筒が転がってくると、Aは筒に駆け寄って止め、また筒を押して坂を登ります。4歳女児Kが、坂道の途中に三輪車を置いて去っていきました。三輪車があるために筒が進まなくなり、保育者は手助けしようとしますが、Aは自力で筒を移動させ、三輪車を避けて進み、頂上まで到着します。

友達と合流して

　そこへ、3歳男児Jがより大きな筒クッションを持って来ます。Aが筒から手を離し、勢い良く坂を駆け下りると、Jも筒から手を離し、大きな筒がAの筒を追うように転がります。Jの筒がAの筒にぶつかって一緒に転がると、Aは「きゃー！」とうれしそうな声を上げて駆け下ります。Jも「きゃー！」と喜んで筒を追い掛けて駆け下ります。2つの筒は途中でそれて茂みで止まり、AとJは大笑いしながら筒に駆け寄りました。

▲ 仲間と2つの筒型クッションを
転がす：「キャー！」

事例
3 ••••••••••••• **5歳児　5月**

山滑り

奈良教育大学附属幼稚園

● 在園児数 140 名
● 5 歳児 2 クラス 60 名

事例から学ぶ

　坂道で筒型クッションを転がして楽しむ3歳男児A
の事例です。大きな筒を上から転がして自分も駆け下
り、勢い良く転がってくる筒をキャッチしたい、その
ために、全身を使って筒を押して登ったり、茂みにそ
れた筒を苦労して真ん中に戻したりすることを、何度
も繰り返しています。筒型クッションは大きくて、押
して登ることも、筒を平行移動させることも3歳児の
Aにとっては大変ですが、飽きることなく繰り返し取
り組んで、上から筒を転がして駆け下りることを楽し
んでいる姿が印象的です。転がすことが楽しくてやり
たいからこそ、そのためには少し大変であっても、何
度も主体的に繰り返しているところに「自立心」が表
れています。障害物（4歳女児Kの三輪車）があっても、
保育者の手を借りず自力でよけて登ったり、筒がそれ
そうになると少し調整して修正したりするなど、考え
て工夫しながら登っていることもうかがわれます。さ
らに、Aの影響を受け、3歳男児Jが大きな筒を持っ
て来ると、一緒に転がして楽しんでいます。一人で繰
り返し楽しんでいたことが、仲間と共有して一緒に
楽しむことへと広がった経験は、今後の遊びをより
豊かに展開することにもつながっていくでしょう。

築山からスクーターで滑り下りる

　築山では、5歳男児と女児が数名スクーターに座り、
次々に勢い良く滑り下りています。スクーターを持っ
て築山の頂上まで登った5歳女児Mは座ったり立った
りし、滑り下りるのを躊躇していました。保育者は
下から「Mちゃん、こっち向いてみー。ここ、遠くま
で何にもぶつからへん」と声を掛け、「頑張れ！」と
励まします。Mはゆっくりとスクーターを前に進めま
す。保育者が「もうちょっと、もうちょっと！」と声
を掛けると、Mはさらにスクーターを進め、築山を滑
り出し、保育者は「そうそう！　うまいうまい！」と
声を掛けて拍手します。最初はうまく滑りましたが、
下の方でハンドルから手を離し、バランスを崩して倒
れ、右足を擦ってしまいます。しかし、Mは泣かずに
保育者を見ると、保育者は励ますように「大丈夫？
うまかったやん！　もう1回やるとき呼んでや」と声
を掛け、別の遊びへ向かいました。Mは他児の様子を
見ながら、築山へ再び登っていきます。頂上へと到着
すると、Mは「せんせー！」と呼び、その声は徐々に

◀ 滑り下りるのを
ためらう：
「やりたいけど
こわい」

▲ バランスを崩して倒れる

大きくなります。保育者はMの声に気付くと「はーい！見せてー！」と走って戻ってきました。

▲ 仲間からせきたてられる：「もう、はやくいって！」

▲ 決意して滑り下りて成功！

先生に励まされて

Mは自らスクーターに座り、少しずつ地面を蹴って前へ進みます。保育者が「頑張れ！　もうちょっと！」と励ますと、Mは意を決したように築山を勢い良く滑り下りました。保育者は「（ハンドルを）持って！持って！　あー！　行けたー、やったー！」と滑ったMのもとへ駆け寄り、ハイタッチします。Mはうれしそうに笑い、スクーターをこいで、また築山へ向かいました。保育者はその様子を見届けて築山から離れます。

▲ 保育者とハイタッチ！：「やったー！」

自分でできたうれしさ、やり遂げた達成感

頂上に登ったMはスクーターに座るものの、なかなか滑り下りることができません。一人ずつ滑るため、Mが滑るのを待つ子が増え、「もう、はやくいって」「Mちゃん！」などの声が上がります。待ちきれずに5歳女児Lが追い越して滑り下りると、Mはその姿を目で追い、進もうとしますが滑り出せません。次の5歳女児Rが「わたし、さきにいくね。おさきー」と滑り下りた後、Mは決意したように前へ進んで滑り下り、うまく成功しました。滑り終えたMはスクーターに座ったまましばらくじっと前を見つめていましたが、その後すっと立ち上がり、うれしそうにスクーターをこいで築山へ向かいました。

事例から学ぶ

これは、築山からスクーターで滑り下りることに挑戦する5歳女児Mの事例です。「やってみたい」という憧れと、「でもこわい」という恐れの間で躊躇するMの緊張が伝わってきます。この時、Mの挑戦しようとする気持ちの支えとなったのが保育者であり、その挑戦を見届けたり、励ましたりしています。Mは一度挑戦したときに転んでしまい、より怖さを感じていたようですが、保育者が見ていることで、Mは諦めずに再度挑戦して成功し、Mと保育者はハイタッチして喜び合っています。さらにMは、保育者のいない状況で、自分の力で挑戦しようとしました。ほかの仲間に追い立てられても、なかなか一歩を踏み出せず、緊張感が高まります。「よし」と決意し滑り下りて成功した直後のMは、しばらくじっと動きませんでした。しかし、その後緊張から解き放たれてホッとした表情になりました。自分でできたうれしさ、やり遂げた達成感がこみ上げてきたのでしょう。その後にスクーターをこぐ足取りは軽やかで、本当にうれしそうでした。保育者は、「自立心」を育むような幼児の挑戦しようとする気持ちを大切にし、その時を見逃さずに支えたり、見届けたり、大丈夫と信じて任せたりすることが求められます。また、クラスでその挑戦を発表し紹介することによって、みんなに認められる場を設けることは、自信をもち、自己肯定感を高めることにもつながるのではないでしょうか。

3.
協同性

玉川大学　教育学部　乳幼児発達学科　教授

大豆生田　啓友

Ⅰ 「協同性」の姿を育てるプロセス

　幼児期の終わりまでに育ってほしい「協同性」の姿は、次のように記されています。「友達と関わる中で，互いの思いや考えなどを共有し，共通の目的の実現に向けて，考えたり，工夫したり，協力したりし，充実感をもってやり遂げるようになる。」です。こうした姿が生まれるためには、どのような姿を育てていくことが大切かを考えてみましょう。

▲ 信頼する保育者の存在が基盤

1. 保育者への親しみ

　園生活において「協同性」が育つ大切な基盤になるのは、安心感です。安心して園生活を送ることができるためには、保育者との信頼関係が重要になります。自分の気持ちを受け止めてくれる先生がいることで、子どもは自己発揮を始めるのです。乳児では、子どもの多様な感情を受け止め、一人一人に応答的な触れ合いや言葉掛けを行い、欲求を満たすような関わりが重要になります。甘えられることもそうです。そのような応答的な関わりは、その後の年齢においても重要になるのです。また、保育者は憧れの存在にもなり、保育者がやるようにやってみたいなど、保育者と一緒に遊ぶことで世界を広げていく姿も見られるようになります。

2. 友達と関わることの楽しさを育てる

　一方、園生活は、たくさんの同年代の友達と関わる場です。0歳児でも周囲の友達に興味をもちます。近くで友達が楽しそうにおもちゃで遊んでいる姿を見ると、そのオモチャだけでなく、友達にも興味をもつようになります。そのため、遊びや生活の場を通して、友達同士がつながる場をさりげなく意識することが重要です。2・3歳児くらいになると、次第に大好きな友達ができるようになります。特定の友達ができる時期には、その子のまねをしたり、同じように振る舞ったり、いつも一緒に過ごしたりする姿などが見られるようになります。友達への親しみの感情が高まってくるのです。友達と関わる楽しさを体験することの繰り返しが、協同する姿の基盤となります。

▲ さりげなく友達同士がつながる場を

3. 遊びの中で充実感や やり遂げようとする姿を育てる

　園生活を通して様々な遊びに出会い、興味・関心をもつと、夢中になって遊び込む姿が見られるようになります。泥団子に夢中になると何日も何日も続けたりするのです。友達が「固い」団子を作るのを見ては、自分も固い団子を作ってみたいと思うようになり、自分なりに工夫しようとする姿も見られます。ちょっとしたひびが入っても、何度も白砂を掛けながら、試行錯誤する姿も出てくるのです。「できた！」っていう小さな成功体験を繰り返す中で充実感をもち、自分に自信をもって積極的に様々な遊びに挑戦しようとする姿も見られるようになってくるのです。その背後には、友達の姿に触発されたり、認められたりするなど、友達と関わる姿があり、その中でやり遂げようとする姿が育ってくるのです。3歳児くらいでも、4・5歳児の姿に憧れて、自分なりのやり方でやろうとする姿がたくさん見られます。

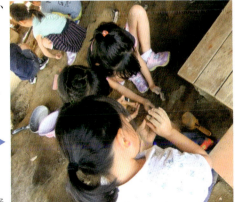

泥団子作りに夢中▶

↓ 充実感

↓ やり遂げようとする

4. 共通の目的をもつ姿を育てる

　様々な遊びや友達との経験を積み重ねる中で、5歳児くらいになると、友達と共通の目的を見いだし、工夫したり、協力したりして、遊びや活動を継続的に進める姿が見られるようになります。その共通の目的は、最初から共通の目的が与えられるのではなく、子どもの興味・関心から生まれることが、その特徴です。一人の子どもが紙飛行機を作って遊ぶ姿から始まることもあります。それに興味をもったほかの子がどんどんその遊びに加わり、次第に誰が一番長く飛ばしていることができるかを競い合う姿が出てくることもあるでしょう。それを、クラスのサークルタイムで紹介したら、『もっとこうすると長く飛ばせる』などのアイディアが、ほかの子どもから出され、紙飛行機をより長く飛ばすことが共通の目的になっていったりするのです。

▲ 自分たちの共通の目的に向かって…

5. 対話、工夫し、協力する姿を育てる

　紙飛行機を長い時間飛ばすことが共通の目的になってくると、子どもは工夫をし始めます。長く飛ぶ子の作り方をサークルタイムで紹介してもらうのも刺激になります。みんなで話題を共有したり、議論したりする場が重要になります。さらに、保護者にもその様子を発信すると、家庭で紙飛行機の情報を親から教えてもらって持ち込むこともあるでしょう。保育者がその

ような作り方の情報を壁面に貼ってあげる（可視化する）と、多くの子がそれをまねして作ってみたりします。まさに、多様な対話や情報収集、工夫が行われることで、ますます盛り上がりを見せ、初めは関心のなかった子が参加するようになったりもします。グループ対抗で飛ぶ時間を競い合う姿などが見られると、グループで協力する姿も見られるようになるでしょう。保護者参観の機会など行事の場に紙飛行機大会を取り入れるなど、行事や家庭・地域と結び付けることで、学びがより深まっていくこともあります。

▲ 一人の意見をみんなに広めることで、対話を拡げることも

Ⅱ 協同性を育てるポイント

協同性を育てる視点を、ここでは「協同的な学び」を生み出す保育の展開という視点から、そのポイントを考えてみましょう。

1. 「協同的な学び」という視点

これからの保育では、「協同的な学び」を生み出す保育の展開が重要となります。この「協同的な学び」は、協同的な活動、協同学習、プロジェクトアプロー

チなど多様な呼び方が可能です。どちらにしても、協同性の説明にある「友達と関わる中で，互いの思いや考えなどを共有し，共通の目的の実現に向けて，考えたり，工夫したり，協力したりし，充実感をもってやり遂げるようになる。」ことと共通します。特に5歳児など、子どもの主体的な活動の中から、子どもたちの共通のテーマやトピックが生まれ、一定期間にわたって活動が展開するものを指すのです。5歳児のこうした協同性の育ちが、小学校における教科への学習につながっていくとも考えられています。

▲ 葛藤も乗り越えて、やり遂げる

2. 活動の具体的な展開 ― 行事の活用など

具体的には、保育の日常の遊びや生活など、一人の子どもの小さな関心から始まることもあります。例えば、週末に地域で捕って来たオタマジャクシを園に持って来たことから、それをみんなで飼いたいという声が生まれてくることもあるでしょう。オタマジャクシを飼うためには、どのような飼育ケースを用意する必要があるのか、餌は何が必要かなど、子どもたちが話し合い、試行錯誤しながら、オタマジャクシを育てていくプロセスがまさに、協同性を生み出していきます。

また、行事につながるケースもあります。絵本のお話への興味から、劇を作ろうということになり、グループなどでお話の場面を選び、せりふや道具、演じ方などを保育者も加わりながら、子ども同士で話し合い

ながら決めていき、発表会につなげていくような展開もその一例です。行事を一斉画一型から、子ども主体の活動に展開していく例としてもますます期待されています。

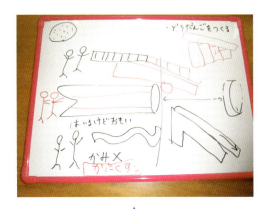

対話を促すために、可視化する援助も

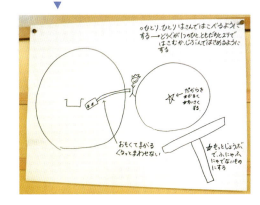

▲ 子ども主体の行事から育つ

3. 人や環境との豊かな対話を生かす

　協同的な学びが豊かに展開するために重要なのが、対話です。1つは、素材、道具、教材、自然、モノなどの環境との対話があります。誰かの気付きや発見、興味・関心などが、そのことをもっと探求していこうという原動力になります。それを、クラスの集まりの場などを活用して、どのような遊びをしているか情報を共有するのです。そこに対話が生まれ、そこで出たアイディアなどを踏まえ、次の展開に向けて協同が深まっていきます。また、その遊びにほかの子が参加するなど、その協同がクラス全体に広がっていくこともあるでしょう。このクラスの集まりの場での子どもの遊びの発言をホワイトボードや紙などにイラストや文字にして書き出して、それを貼り出すなどすると可視化され、次への発展的展開も期待されます。

4. 家庭や地域の資源を生かす

　「協同的な学び」をより豊かに展開していく上で、家庭や地域の資源を生かしていくことも重要です。例えば、子どもが夢中になって遊んでいる姿を写真に撮って保護者に発信すること（ドキュメンテーション）を通して可視化し、そのことが家庭でも話題になったりすることがあります。オタマジャクシの例であれば、オタマジャクシの餌は何でどこにいるかという話が親子の話題になり、家庭からの情報が園に持ち込まれたりします。それは、家庭を保育に巻き込んでいくことでもあります。

　また、園で飼っていたオタマジャクシが弱ってきてしまって、近隣の専門家を探し、大学の生物の先生に聞きに行くなど、地域の資源を活用して、学びをより豊かに展開していくことも考えられます。これは、10の姿の「社会生活との関わり」になりますが、こうしたほかの学びとの関連の中で育てられていくのです。

いかだプロジェクト

執筆：鎌田　大雅（奈良市立都跡こども園　教諭）

水の上をタライに乗ってこいでみたい

　6月、みんなで一緒に砂場に大きな山や海を作る遊びが盛り上がり始めました。砂場に水を流し込むことで、だんだん海が大きくなってきました。その海に砂型やスコップなどを浮かべて、船が浮かぶ海のイメージが広がっていきます。近くにあったタライを浮かべてそこに飛び乗った子どもたちは、スコップをオールに見立て、こいでみようとします。すると、「ぜんぜん、すすまへん」「したにあたってる」など、うまく動かないことに気付きました。「明日の続きにしよう」ということで、その場を残しておくことにします。

▲タライ舟に乗ってみたが…

牛乳パックでいかだを作る（1号）

　保育者は牛乳パックを5個つなげたものを置いておきました。子どもたちはそれを試しましたが浮かばず、遊びの後の話し合いで取り上げ、それを聞いたほかの子どもが「いかだみたいやな」と言ったことから、「いかだやったら、もっとひろくておおきくしたら」ということになったのです。牛乳パックをたくさん貼り合わせ、かなり大きないかだができました。砂場の大きな水たまりで浮かべてみると、「ぜんぜん、すすまない」とうまくいかない様子。いかだを持ち上げてみると、「めっちゃおもたくなっている」との声。子どもたちは牛乳パックの中にたくさんの水が入っていることに気付きます。クラスの話し合いでは、牛乳パックの絵が見えなくなるまでクラフトテープを貼ったらいいとのアイディアが出されました。

▲水が入って重くなった牛乳パックいかだ

牛乳パックの下にペットボトルを付ける（2号）

　前の反省を生かし、クラフトテープを絵が見えなくなるまで貼ろうとする子どもたち。保育者は「こんなものもあるけど」とペットボトルを差し出すと、「ペットボトルもつけてみよう」と提案を採用。「ぎゅうにゅうパックのしたにつけてみよう」と子どものアイディアが広がります。今度こそ成功すると自信満々の子どもたち。しかし、実際はまた水が入ってしまいます。しかし、牛乳パックには水が入っているけど、キャップが付いたペットボトルには水が入っていないことに気付きます。

▲牛乳パックの下にペットボトルも付けてみようと…

ペットボトルのいかだ作り（3号）

　そこで、次はペットボトルだけでいかだを作ろうということに。前の要領でペットボトルをクラフトテープで貼り合わせていきます。「キャップのところもビニールテープつけたらみず、はいらへん」と水が入らない工夫のアイディアが出され、採用。作っている最中、「こうやってねてものれる。ベッドみたい」などの気持ちが高まる声が聞かれます。慎重に乗ってみると、「やった、ういた」の声。「ふたりでのってみよう」「いかだのうえでねてみよう」など様々な乗り方をしてみます。大成功に満足です。

▲「ねても のれる！　ベッドみたい」と大喜び

インターネットの情報を提案する子

　その後、プール活動などで間が空き、いかだ遊びが

下火になっていたので、保育者から「いかだをプールで浮かべてみては？」との提案をしてみました。すると、「やってみたい」の声。翌日、家でいかだの作り方をインターネットで調べてきた子がいました。それは、ペットボトルを3段につなげた作り方でした。保育者はそれを画用紙に貼り付けて、みんなが見えるように保育室に掲示しました。すると、この3段のいかだを作ってみようということになりました。そして、完成させたいかだをプールに浮かべると大成功。まずは一人から挑戦。さらに、二人、三人と。そして、四人乗っても大喜び。クラス全員が大きな達成感を味わいました。

▲3段につなげてプールで浮かべ大成功！

事例から学ぶ

　どこの園でもある砂場での遊びが、このような共通の目的をもったいかだ作りをすることに発展するために何が大切であるかがよく分かる事例です。それは、子どもの小さな気付きや発見、やってみたいという思いに保育者が丁寧に応じようとしていることです。そのことが最も重要です。そして、子どもの思いに応じて、一緒にふさわしい素材や材料、道具を探っています。さらに、その試行錯誤をクラス全体の話し合いや視覚的な掲示によって可視化し、共有することで、ほかの子どもたちも関心をもつ広がりや深まりにつながっていることも分かります。このような援助が、子どもの協同性を高めているのです。

事例
2 ●●●●●●●●●●●●● 5歳児

泥団子転がし競走

執筆：渡辺　英則（港北幼稚園　園長）

● 園児数265名（3歳児75名、4歳児94名、5歳児96名）
● 事例対象：5歳児クラス31名

運動会の競技の話し合い

運動会の競技に関する話し合いで、泥団子作りが流行したので、それを競技に入れてみてはどうかと5歳児3クラスそれぞれから提案があると、子どもたちは「やってみたい」ということになりました。ルールについても子どもに提案しました。そのゲームは、自分たちで作った泥団子をクラスのサークルの中のタライに手を使わずに運び入れ、その数をクラス対抗で競うというもの。ルールとして、サークルに足が入ったらアウト、崩れた団子は無効、団子を運ぶ道具は廃材などで作ったモノを使用、保育者も保護者も口出しをしない、などなどです。子どもたちは大盛り上がり。

▲手を使わずに団子を運ぶ道具を作る

道具作り

子どもたちのアイディアで、まずは運ぶ道具を作り、グループで競い合おうということになりました。子どもたちは、トイレットペーパーの芯や空き箱などを長くつなげて筒状にして、その中を通そうと考えました。しかし、実際には団子が上手に中を転がらなかったり、サークルの外からタライまで届かなかったのです。そこで、クラス全員で改めて話し合うことに。すると、今まで意見を言わなかった子どもたちまで発言し出しました。そこで、布を使うアイディアや石を入れた固い団子を作るアイディアが出てきたのです。

▲空き箱やいろんな物をくっつけて工夫

団子作りに夢中

固い団子作りに夢中になり、様々な工夫をする子どもたち。その中で、これまで泥を触るのが嫌いな子がいたのですが、友達のアドバイスでビニール袋を手に付けてやってみることにしました。すると、友達のたくさんのアドバイスもあって団子作りが好きになり、最後には「名人」と呼ばれるようにもなったのです。団子もたくさん作ることができました。

◀ 団子名人も現われて
たくさんできた

イメージの共有から新たなデザインへ

　運ぶ道具について、子どもたちの意見を紙に書き出してイメージを共有します。すると、新たな発想が生まれてきます。最終的には、段ボールをつなげて、滑り台のような坂にして転がすのが最もうまくいくことが見えてきました。それを、何度も改良していくのです。練習試合や運動会当日では、思わぬハプニングが何回もありましたが、友達と協力しながら転がそうとする姿が見られました。

▲ 滑り台のように坂にして転がす

支援が必要な子とのかかわり

　このクラスには支援が必要な子がいますが、団子転がしには参加しなかったものの、リレーには参加することになりました。団子転がしで気持ちを1つにしているクラスでは、リレーでこの子がクラスの一員として走れるように、カートに乗せてそれを押すアイディアが出され、気持ちを1つにする経験をしたのです。

▲ カートに乗って、団子リレーに参加

事例から学ぶ

　子どもが協同する経験をする機会として、運動会などの行事の場はとても有効であることが分かる事例です。活動そのものは保育者が提案したものですが、それはむしろ、子どもが主体的に夢中になって、友達と協力して遊びを展開する上でふさわしい投げ掛けでした。たくさんの団子を転がすという共通の目的に向かって、クラス全員の子が主体的に向き合っています。しかし、その背後には、ふだんから子どもが友達と関わって主体的に遊ぶことを楽しみ、泥団子に夢中になる経験や、廃材をふんだんに使う経験があったから可能となった事例だとも言えます。

4.
道徳性・規範意識の芽生え

白梅学園大学　子ども学部　発達臨床学科　教授
佐久間　路子

I　道徳性・規範意識の芽生えの幼児期の終わりまでに育ってほしい姿とは

　道徳性・規範意識の芽生えは、幼稚園教育要領の領域「人間関係」と関連しています。幼児期の終わりまでに育ってほしい姿として、道徳性の芽生えは、「友達と様々な体験を重ねる中で，してよいことや悪いことが分かり，自分の行動を振り返ったり，友達の気持ちに共感したりし，相手の立場に立って行動するようになる。」と示されており、規範意識の芽生えは、「また，きまりを守る必要性が分かり，自分の気持ちを調整し，友達と折り合いを付けながら，きまりをつくったり，守ったりするようになる。」と示されています。

　私たちの生活において、また子どもの発達や保育の実践において、道徳性と規範意識は、非常に密接な関連があります。以下ではまずそれぞれについて解説していきます。

1．道徳性の芽生え

●（1）道徳性とは

　様々な人と一緒に生活をしていく上で、私たちは自分勝手に過ごすのではなく、他者のことや社会のことを考えて過ごしていく必要があります。例えば、困っている人を助けること、人を傷つけないことは、私たちの社会において普遍的な道徳的なきまりとなっているものです。このようなして良いことと悪いことが分かることは、道徳性の基盤をなすものです。

　良いことをしたときは、先生や周りの大人から褒められたり、感謝されたりして、とてもいい気分になり

ます。一方で、悪いことをしたときは、周りから怒られたり、周りの人が悲しい顔をしたりして、自分も悲しくなり、心が痛みます。単に良いこと悪いことが分かるだけではなく、私たちは自分がした行為に対して様々な気持ちを経験することで、自分の行動を振り返ることができるようになります。

●（2）共感性と思いやり

　さらに幼児期には、自分の気持ちや行動だけでなく、友達の気持ちや行動を考える力が発達していきます。他者の気持ちを同じように感じることを共感と言います。子どもたちは遊びの中で、縄跳びができるようになったことを友達と一緒に喜んだり、面白い動きをしながら笑い合ったりというような肯定的な気持ちを一緒に感じる経験をします。また、コマがうまく回らず落ち込んでいる友達とともに悔しい気持ちを感じたり、大切にしていたおもちゃが壊れて泣いてしまった友達のそばで悲しい気持ちになったりなど、否定的な気持ちも一緒に経験していきます。このように多様な気持ちに共感する経験を積み重ねていくのです。そして、悔しい気持ちへの共感は『おしい！　もうちょっと』という励ましを、悲しさへの共感は『大丈夫、一緒に直そう』という慰めを引き出します。自分が他者の気持ちを共感することと、保育者や友達に共感してもらった経験とが相まって、共感性や思いやりが育っていくと考えられます。

2．規範意識の芽生え

●（1）規範意識とは

　私たちの生活の中には様々なきまりやルールがあり、

またそれを守ることが期待されています。これが規範であり、乳幼児の生活の中にもたくさんのきまりやルールが存在します。きまりには、先ほど述べた「人をたたいてはいけない」という普遍的で道徳的なものから、登園したらバッグを自分の棚にしまって帽子を掛ける、お弁当の前にはみんなで「いただきます」をするというような慣習的なきまりもあります。さらに遊びの中にもたくさんのルールが存在します。例えば、氷鬼では、鬼にタッチされたら凍ってしまうので、その場で動きを止めなければならないというルールがあります。またごっこ遊びで、忍者になっているときは、音を立てずに走らなくてはならないなどもルールの1つと言えるでしょう。

このような無数のきまりやルールとともに生活をする中で、規範を守り、それに基づいて判断したり行動したりしようとする意識が生まれます。これが規範意識です。多くのきまりは子どもの園での生活が始まったときからあるため、きまりを守ることは当然のことだと思っている子どももいるでしょう。きまりをなぜ守らなければならないのかという疑問はそもそも思い浮かばないかもしれません。ですが、これではきまりを守る必要性を理解しているとは言えません。きまりは単に従うだけのものではないのです。自分たちが過ごしやすいように、また楽しく遊べるように、保育者や友達との交渉を通じて、新たにきまりをつくったり、今あるきまりを工夫して変更したりすることもできるのです。きまりは守るだけでなく、変えたり、つくったりすることができるということを含めて、きまりの必要性について考えることが、幼児期の終わりに育ってほしい姿として求められています（実践事例参照）。

● (2) 自分の気持ちの調整

2歳前後にいわゆる「第一次反抗期」と呼ばれる時期があります。この時期には、運動面や認知面など様々な能力が急速に発達し、自分の力でできることが増えてきます。それに伴って自分でやりたいという思いが生じ、「じぶんで！」と主張し始めます。ですが、自分の気持ちを調整する力はまだまだ未熟です。特に自分の気持ちを抑えること（抑制機能）は3～5歳頃に

発達していきます。

保育所保育指針の「1歳以上3歳未満児の保育に関わるねらい及び内容」（人間関係の「内容の取扱い」）には、「子どもの不安定な感情の表出については、保育士等が受容的に受け止めるとともに、そうした気持ちから立ち直る経験や感情をコントロールすることへの気付き等につなげていけるように援助すること」、「子どもの自我の育ちを見守るとともに、保育士等が仲立ちとなって、自分の気持ちを相手に伝えることや相手の気持ちに気付くことの大切さなど、友達の気持ちや友達との関わり方を丁寧に伝えていくこと」と示されています。この時期は、子どもが自分を調整する力を付けていくために、保育者の受容的な受け止めと、自分の気持ちや他者の気持ちに気付くような丁寧な関わりが求められます。

3歳以上であっても、自分の思いが強い場合には、自分の思いを調整することが難しい場面もあるでしょう。例えば、ブランコに乗るのが大好きで、ほかの子ど

もが待っているのに乗り続けている子がいたとします。

ブランコに乗っているときは、うれしさや気持ち良さで心が一杯で、なかなか周りの様子に気付けないかもしれません。ですが、次に乗りたいと待っている子から「じゅんばんだからかわって！」と声を掛けられたときや、「かわってくれない…」と悲しそうな顔をしている友達の表情を見たときに、『自分は楽しいけれど、お友達は楽しいかな？』と他者の気持ちに少し気付くようになるのではないでしょうか。そして、友達に順番を譲り、列の後ろに並んでしばらくすると、

自分の順番が回ってきて、またブランコに乗ることができます。このような経験を通して、『順番を守らないと、友達が嫌な思いをする』『順番を守ればいつか自分の番が回ってきて、ブランコに乗れる』『順番にすればみんながブランコに乗れる』と理解するようになるのです。この理解は、きまりが自分や他者、そして自分が所属する集団にとってどのような意味をもつのかを自覚的に捉えている点で、自律的な理解と言えます。やりたい気持ちを我慢するのは嫌な気持ちがするけれど、少し我慢したら、友達もうれしいし、みんなもうれしいということを体験することで、自分の気持ちを調整し、きまりを守ろうとする自律的な力を身に付けていくことができると考えられます。

II 道徳性・規範意識をどのように育むのか

1. 葛藤やつまずき、いざこざを通して

幼稚園教育要領の「人間関係」には、道徳性について「葛藤やつまずきをも体験し，それらを乗り越えることにより次第に芽生えてくる」（3 内容の取扱い (4)）と示されています。また規範意識については「幼児が教師との信頼関係に支えられて自己を発揮する中で，互いに思いを主張し，折り合いを付ける体験をし，きまりの必要性などに気付き，自分の気持ちを調整する力が育つようにする」（3 内容の取扱い (5)）とあります。

友達と思いを主張し合うことは、友達とのいざこざに発展することもあります。そのようないざこざの中で、折り合いを付ける体験が、道徳性や規範意識を育む上で重要と考えられます。

では折り合いを付けるとは、どのようなことを意味するのでしょうか。いざこざを解消するために、相手の意見に合わせることでしょうか。これでは自分の思いを適切に主張することが欠けています。折り合いを付けることは、「自己を発揮しながら人と折り合いを付け、気持ちを調整すること」と定義されます注。自己を発揮するには、他者が自己を表現することを認め

てくれる関係性が必要です。初めは保育者に支えられ、保育者の周りにいる子どもと、そして同じ遊びをする友達、いつも一緒に遊ぶ友達、さらには共通の目的に向かって協力する仲間へと、協同性を分かち合う仲間へと広がっていきます。保育者には、子どもが十分に自己を発揮できるような時間と環境構成を工夫し、子どもの思いを受け止め、子どもが他者へ思いを伝えることを支える関わりが求められます。

また折り合いを付ける経験を、自分自身が体験することだけでなく、仲間が折り合いを付けている様子を見ること、どうしたら折り合いが付くのかをクラスの友達と考えることなど、様々な立場で体験することも大切でしょう。

2. 芽生えを培う

幼児期の終わりまでに育ってほしいのは、道徳性や規範意識の「芽生え」です。自分、他者、そして社会のことを考え、道徳や規範を守ることは、簡単にできることではありません。様々な能力が発達しつつある幼児期において目指されるのは、守ることができることではなく、戸惑いや失敗を経験しながら、守ろうとする気持ちや意欲を育てていくことなのです。

幼児期の終わりには、良いこと悪いことの区別は理解できていると思います。しかし望ましくない行動（他者に迷惑を掛ける可能性のある行動）をする前に、結果を予測して、あらかじめ行動を抑制することは、幼児にとって難しいことでしょう。例えば、順番を抜かして列に割り込んだら、自分は得をしてうれしいかもしれません。ですが、周りから「ずるい」と指摘されたり、列に並んでいる人が怒っていることに気付いたりしたときに、自分の行為はルール違反であると自覚し、気まずいような、嫌な気持ちを感じるでしょう。きまりを守れなかったときに感じた嫌な気持ち（良心の呵責(かしゃく)）は、未来の、きまりを守らないという行動を思いとどまらせることにつながります。子どもはこのような経験を繰り返しながら、友達と楽しく遊ぶためにきまりを守ることが必要であるということを体験

的に理解していくのです。

　道徳性や規範意識は、人間関係の中で経験を通して育まれていくものです。そして、自分の気持ちの調整と他者の気持ちの共感の両方が含まれます。これらは資質・能力の「学びに向かう力、人間性等」の中心的な力と言えます。自分の気持ちを言葉にすることや他者の気持ちを推測することを支える保育者の丁寧な関わりと、子どもの葛藤やつまずき、きまりを守れなかった経験を通して保育者と幼児がきまりについて考える機会を積み重ねることが、子どもの資質・能力を培うことにつながるのです。

　　注：　引用文献
　　　　無藤隆・古賀松香（編）
　　　　『社会情動的スキルを育む「保育内容　人間関係」
　　　　―乳幼児期から小学校へつなぐ非認知能力とは』
　　　　北大路書房　2016

実践事例から読み解く
道徳性・規範意識の芽生え

事例 1 ● ● ● ● ● ● ● ● ● ● ● ● ● ● **5歳児**

火の鷹燃えろ！
クラス対抗リレーの物語

執筆：西井　宏之（白梅学園大学附属幼稚園）

● 白梅学園大学附属白梅幼稚園
● 事例は5歳児　たか2組
● 3歳児 62名　4歳児 50名　5歳児 55名　計167名

リレーは好きだけど

　1学期からリレーや集団遊びが好きなクラスです。10月上旬にプレイデイ（運動会）が開催されることもあり、9月に入るとリレーがますます盛んになりました。

　リレーを始めた頃、ユウトは「負ける」ことに納得がいかず、ちょっとでも相手との差がつくと、バトンを投げて渡そうとすることもあり、仲間から厳しく注意を受けることが、しばしばありました。

　ユウトはリレーは好きなのですが、周りと比べると走るのが少し遅いようで、リレーが好きでアンカーを任されるヨウタから「ユウト、もっとはやくはしれ！」と言われ、「はしってるよ」と言い返し、度々ケンカになっていました。

▲ リレーするよ！

みんなで決めたのに

　雨が続き、外で遊べない日が続きました。ヨウタから、「このままじゃまけちゃう」という話が挙がり、どうすればいいかみんなで話す機会がありました。

　すると、「あめでもホールではしりたい」という意見が挙がります。一方で「わたしは、あんまりはしるのすきじゃない」との発言もあり、「わたしも」と数人の手が挙がります。「えー、でもそれじゃあ、かてないじゃん」「かてなくてもいーんだー？」「ちがう、ずっとれんしゅうするのはいやなの」「でも、れんしゅうしないとかてないじゃん」と意見が出てきます。

　そこで、最近リレーが面白くなってきたチカコが、「いっかいだけでもいいからさ～」と頼むと、"10時になったら2回全員で走る"というルールが決まりました。

▲ 雨が続いたときに……

かして」「わたしもつくりたい！」と共感してもらい、3人は大満足の様子。『火のたか、もえろ』と書かれた旗での応援合戦も盛り上がっていきました。

▲ 旗以外にもいろんなものを振って！

翌日から、10時になると子どもたちが「やろう〜」と部屋にいる子を誘いに来ます。しかし、「え〜、めんどうくさい」と、ユウト。さらに、一緒に遊んでいた、マナブも遊びの手を止めません。その後、仲間たちに「きめたじゃん」と半ば強引に説得され、リレーに参加していました。

翌日も、仲間に言われ、渋々参加する、ユウトとマナブ。決められた2回は走りますが、2回を終えるとすぐに部屋に戻ってしまいます。担任はどうしようか悩んでいました。でも、この二人の姿をよく見ていると、外の歓声や気配を気にしていることに気が付きました。勝利し、仲間の「イェーイ！」という歓声が聞こえる度に、テラスに出るようになり、一緒に喜んだり、さらには応援をしたりするようになりました。

応援の旗を作ろう「火の鷹、燃えろ！」

明日は、プレイデイの予行です。ユウト、マナブ、コウシロウは、応援の旗を作ろうと相談しています。いつも、マナブが自分たちのクラスを「ひのたか、もえろ〜♪」と応援しており、その応援に旗を使おうと考えたのです（たか組なので）。

担任は、その旗を作るための布を用意し、絵が得意なマナブがタカ（鷹）を描き、コウシロウは得意の文字を書きました。みんなにも「いいじゃん、おれにも

リレーに参加するのを渋っていた、マナブも、自分の描いた旗が認められたことで、呼び掛けに快く応じることが増えました。

クラス対抗戦へと発展

当日のプレイデイは、赤組が勝利し、白組は接戦の末、負けてしまいました。

翌日、負けた白組の子が優勝カップを作りました。4〜5人の子たちが、マイ優勝カップを作ると、その日の午後「かったほうに、このゆうしょうカップをあげるよ！」というカイトの一言がきっかけになり、クラスの仲間同士で対決をして楽しんでいました。

隣のクラスの子も優勝カップを作っており、「おれたちもいれて！」と、自作の優勝カップを懸けて対決することになりました。

勝負の結果は我がクラスの勝利！　負けるとは予想していなかったのか、本当に自分たちが作った優勝カップが相手クラスに渡ってしまいガックリ。しかし、ここから毎日優勝カップを懸けた、クラス対抗が始まっていきました。

10月中旬のこと。勝負が決まり我がクラスが勝利しましたが、相手クラスから「あのとき、○○くんの

あしがでていた」と指摘され、「でてない」「でてた」と問答になりました。「じゃあさ…」と相手クラスのエイジが「せんをかこう」との声から、始める前に、はっきりとスタートラインを描くことになりました。

『優勝カップ』という目的がはっきりしたこともあり、ジャッジも厳しくなります。その後も、「いまのは、れんしゅうじゃなかったの？」「3かいしょうぶでしょ！」など、勝負の度に言い合いになり、その都度ルールを決めていくことになりました。10月の下旬には、①何時から行うか、②練習か本番か、③何回勝負か、というルールを確認してから行うというのが定番化していきます。

この後も、クラスで対抗することが面白くなり、クラス対抗は、サッカー対抗、縄跳び対抗、コマ対抗など、いろいろな遊びに展開していきます。その度に、ほかの学年が思わず見入ってしまうほどの熱が入った応援が繰り広げられていきました。

駅伝リレー

1月のある日、何やらアンカーが使用する「タスキ」をバトンにしてリレーをしていました。集まっているときに、何をしていたのか聞いてみると、「タスキリレーをかんがえたんだ！」とユイカちゃん。すると「しょうがつにえきでんやってたよね」「アオヤマかっこよかったよな〜」「おれはワセダがすき！」と、話題は駅伝に。今年のクラスは、世間のニュースをよく知っている子が多く、「駅伝」や「早稲田」というキーワードが共有できるのです。

話題になったことで、「そうだ、タスキつくろう！」と、「あおやま」とか「早稲田」と書かれたタスキを作り、『駅伝リレー』が始まりました。

プレイデイから始まったリレーが、たくさんの話し合いを経て、「クラス対抗」という楽しさを自分たちで見いだし、ルールを作りながら発展させていきました。

▲ タスキリレーだよ

事例から学ぶ

リレーは、仲間でバトンをつなぎ、チーム対抗で速さを競い合う運動遊びです。勝ち負けがはっきり分かる分、思いがぶつかることの多い遊びです。この事例では、リレーは好きだけれど、うまくいかないユウトが描かれています。周りと言い合いをしたり、みんなで決めた練習に渋々参加しているユウトは、好きなリレーをみんなと一緒にやりたいという自分の思いをうまく発揮できずにいます。担任はユウトの姿をよく見て、その思いを子どもたちが考えた応援の旗を作ることで実現させています。

リレーは、運動会後も続き、優勝カップをめぐるクラス対抗戦に発展しました。勝敗をめぐるいざこざが起きますが、話し合ってルールを決めて、確認してから行うことができるようになっています。そして年が明けて1月には、『駅伝リレー』が始まりました。子どもたちは、タスキをつなぐというルールの新たな遊びを自分たちでつくり出しています。この子どもたちにとってルールは制限ではなく、遊びを形づくる枠となり、自分たちでその枠の形を変えながら、楽しさを生み出しています。このようなルールのある遊びをつくり出していく力は、自分の考えを友達に伝え、話し合うことができるクラスの雰囲気と担任の思いが支えていると言えるでしょう。

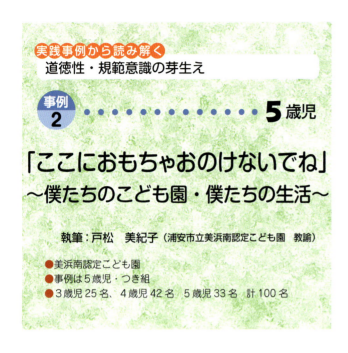

道徳性・規範意識の芽生え

事例 2 ●●●●●●●●●●●●● **5**歳児

「ここにおもちゃおのけないでね」
～僕たちのこども園・僕たちの生活～

執筆：戸松 美紀子（浦安市立美浜南認定こども園 教諭）

● 美浜南認定こども園
● 事例は5歳児・つき組
● 3歳児25名、4歳児42名 5歳児33名 計100名

大事なことだから、みんなにも伝えてくれない？

11月上旬、室内で好きな遊びをしていたところ、つき組の保育室前の廊下を通ったA先生が、「ここ（階段の手すりの上）に（作った物を）置くと、下に落ちて危ないので載せないでください」と、その場にいた

▲ 階段の手すりの上の様子

つき組の3人の子どもに話しました。

保育室に戻ってきた子どもたちに、担任が知らない振りをして、「A先生と何を話していたの？」と聞くと、3人は「したにおちちゃうから、あそこ（階段の手すりの上）に、つくったものをおかないで、だって」と答えました。担任が、「確かにそうだよね。下に落ちたら危ないもんね。大事なことだから、みんなにも伝えてくれない？」と話をすると、3人がクラス全体にその話をし、つき組みんなで気を付けようということになりました。

休みの人は知らないもんね。それに…

次の日、前日欠席をしていたS男が階段の手すりの上に、自分の作品を置いていました。それを見た子どもが、「そこにおいちゃいけないんだよ！」と強く言うと、S君は「わかったよ！」と少し怒りながら答え、作品を自分の絵本袋の中にしまいました。

担任が、「そっか、みんなで約束を決めても、休みの人は知らないもんね。それに、つき組のみんなは分かるけど、違うクラスのお友達は知らないままだもんね。そうだよね…」と独り言のようにつぶやきました。

かんばんつくってくる！……みて！みて！

次の日、好きな遊びをしているとき、おとといA先生と話した3人の子どもが、紙とペンを持って、「せんせい、かんばんつくってくる！」と意気揚々とつき組の保育室を出て行きました。しばらくすると、3人の子どもたちが、「せんせいできたよ！みて！みて！」とうれしそうに保育室に入ってきました。3人の子どもたちに連れられ見に行くと、階段の手すりの上に、『ここにおもちゃお（を）の（っ）けないでね！』と書いた紙が貼ってありました。担任が、「おぉ、これでお休みの子も、約束を忘れた子も、ハッて気付くことができるね」と話をすると、3人の子どもたちは得意げな表情で、担任を次の場所に連れて行きました。

▲『ここにおもちゃお（を）の（っ）けないでね！』の掲示

次に、階段の踊り場付近に行くと、また3人が書いた紙が貼ってありました。その紙には、『ものがおちてくるかのお（う）せいがありますのでごちゅ（う）いください』と書いてありました。階段を上り下りする人たちにも、注意を促すものになっていました。

『ものがおちてくるかのお（う）
せいがありますのでごちゅ（う）▶
いください』の掲示
▼

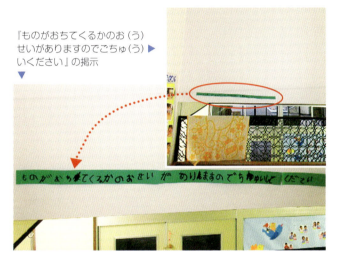

次に、3人の子どもたちは階段を下りて、玄関に担任を連れて行きました。玄関にある靴箱の上を見ると、

『くつばこにおもちゃお（を）の（っ）けないでね』と書いた紙が貼ってありました。

▲『くつばこにおもちゃお（を）
の（っ）けないでね』の掲示

初めは、自分たちの保育室から約束づくりが始まり、そこから、園全体を見ながら、自分たちで必要だと感

じる場所に、必要な約束を考え、みんなが分かるように紙に書いて貼っていました。

　自分たちで安全に過ごすための方法を考え、みんなに知らせようとするなど、自分たちで生活を考えていこうとする姿を見ることができました。

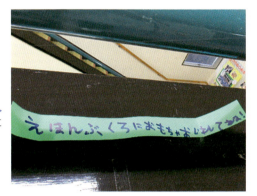

『えほんぶくろに
おもちゃお（を）
いれてね！』
の掲示

事例から学ぶ

　この事例では、A先生から手すりの上に物を置くと危ないと投げ掛けられたことをきっかけに、3人の子どもたちを中心に、園生活を安全に過ごすための方法を自律的に考え、実践している姿が描かれています。

　担任は、3人の子どもたちが受けた投げ掛けを『大事なことだからみんなに伝えて』とクラスで共有し、みんなで気を付けようという意識を育てようとしています。また欠席をしてその話を聞いていなかった子どもが手すりに物を置いてしまい、それを見た子どもが強く言ってしまう場面では、約束を知らない子がいることを担任はつぶやきながら意識化させています。

　次の日には、約束を園のみんなで共有するためにどうすればよいのかを子どもたち自身が考え、きまりの看板を作るという活動につながりました。看板は、初めに投げ掛けられたこと（ここにのっけないでね）だけでなく、注意喚起（ごちゅういください）や、してほしいこと（えほんぶくろにいれてね）へも広がっていました。

　担任の先生に看板を見せる子どもたちの得意げな表情にも、自分たちのきまりを自分たちでつくり、守ろうとする規範意識の芽生えが表れています。

5.
社会生活との関わり

大阪総合保育大学　児童保育学部　教授

大方　美香

Ⅰ 幼児期の終わりまでに育ってほしい『社会生活との関わり』の姿

「幼児期の終わりまでに育ってほしい姿」の中で、領域「人間関係」に関わっているのが『社会生活との関わり』です。「幼稚園教育要領（幼保連携型認定こども園教育・保育要領及び保育所保育指針）」の中では、具体的な姿として「家族を大切にしようとする気持ちをもつとともに，地域の身近な人と触れ合う中で，人との様々な関わり方に気付き，相手の気持ちを考えて関わり，自分が役に立つ喜びを感じ，地域に親しみをもつようになる。また，幼稚園内外の様々な環境に関わる中で，遊びや生活に必要な情報を取り入れ，情報に基づき判断したり，情報を伝え合ったり，活用したりするなど，情報を役立てながら活動するようになるとともに，公共の施設を大切に利用するなどして，社会とのつながりなどを意識するようになる。」と示されています。本章では、幼稚園（認定こども園・保育所）における生活の中で、地域の人との出会いや社会とのつながりの意識がどのような場面で芽生え、育っていくのかについて述べていきます。

▲ 地域の人との交流に情報を活用して伝える

Ⅱ 環境を通して、遊びを通して、5領域を総合的に学ぶ『社会生活との関わり』の姿

この「幼児期の終わりまでに育ってほしい『社会生活との関わり』の姿」は、5領域の内容などを踏まえ、特に5歳児の後半にねらいを達成するために、教師（保育者）が指導し幼児が身に付けていくことが望まれるものを抽出し、具体的な姿として整理したものです。特に領域「人間関係」に関わる姿です。それぞれの項目が個別に取り出されて指導されるものではありません。後掲の事例で示されているように、『社会生活との関わり』は、地域の森林組合の方との出会い、染色家さんとの出会い、米作りの方との出会いなど、地域の人との出会いによって生まれることもあります。人的環境としての地域へのまなざしを保育実践や指導計画につなげた内容が今回の事例です。幼児教育は環境を通して行うものであり、とりわけ幼児の自発的な活動としての遊びを通して、これらの姿が育っていくことに留意する必要があります。『社会生活との関わり』は、子どもが葛藤したり、折り合いを付けたり、相談したりといった対話があります。事例でも子どもの困った姿や、粘り強く諦めないでほかの方法はないかと試行錯誤する場面が見られます。『社会生活との関わり』では単に「人間関係」ではなく、まさに主体的・対話的で深い学び（「アクティブラーニング」）の視点からの学習過程の改善が保育実践として求められていると言えます。また、事例からは「杉の皮から桜色の染め液が採取できる」ことを体験し、自分たちが遊びを通じて作ってきた染め液とは異なる自然や物との出会いがあります。まさに環境を通して子どもが自ら感じ取った体験です。

III 3歳児、4歳児それぞれの時期の積み重ねに学ぶ『社会生活との関わり』の姿

　また、「幼児期の終わりまでに育ってほしい『社会生活との関わり』の姿」は、5歳児だけでなく、3歳児、4歳児それぞれの時期における子どもの活動の積み重ねが大切です。ただ積み重ねるのではなく、「幼児期の終わりまでに育ってほしい姿」を念頭に置きながら5領域にわたってバランス良く指導が行われることが望まれます。『社会生活との関わり』の姿とは、部分になる活動をすれば育つことではありません。幼児期の子どもは、部分ではなく全体として育ちます。5領域の総合と言われるゆえんです。あらゆる活動には5領域が含まれ、絡まり合っています。活動の軸であるねらいをどこに置くのか、何を育てるためにこの活動を行うのかといったことを意識することが大切です。事例もただ「地域の人との交流」であるならば、出会うだけの体験となってしまいます。決して「やらせ保育」や「到達目標」を目指すことを意味しているのではありません。「好きな遊びをする」のは子どもですが、教師（保育者）は環境を通して「何を子どもに体験してもらいたいのか、何を育てたいのか、クラスとして、個人として、など」といったことの意識が求められていると言えます。事例での、「地域の方」との出会いは始まりではありません。むしろ「色」への興味・関心でした。そのことを社会生活に発展し、深まったのは、日常の保育実践が地域との交流に根ざしていたからにほかなりません。子ども像や目標・ねらいがあり、初めて「幼児期の終わりまでに育ってほしい『社会生活との関わり』の姿」につながっていきます。全体的な計画（カリキュラム・マネジメント含む）とは、そのために必要なことです。3歳児、4歳児それぞれの時期にふさわしい活動の積み重ねは、子ども像や目標・ねらいが明確であるからこそ、「幼児期の終わりまでに育ってほしい姿」につながっていくことに留意する必要があります。

IV 人との情動交流及び基本的信頼関係の構築から始まる『社会生活との関わり』の姿

　『社会生活との関わり』は、領域「人間関係」などで示されているように、保護者や周囲の人々に温かく見守られているという安定感がまず基盤となっています。幼稚園（認定こども園・保育所）の生活においては、教師（保育者）との信頼関係を基盤に、学級（クラス）の幼児との関わりから園全体へ、さらに地域の人々や出来事との関わりへと、次第に社会生活への広がりをもっていきます。幼児は、初めての集団生活の場である幼稚園（認定こども園・保育所）生活を通して、教師（保育者）との信頼関係を基盤としながら園内の幼児や教職員、ほかの幼児の保護者などいろいろな人と親しみをもって関わるようになっていきます。地域社会における様々な年齢の方との交流体験は、家族を大切にしようとする気持ちをもつとともに、小学生や中学生、高齢者や働く人々など地域の身近な人と触れ合う体験となっていきます。単なる園の行事としての交流体験に終わることがないように、せっかくの出会いの機会を子どもにとってはどのような体験となるのか、出会いをどのような活動に生かすのか、考えます。特に5歳児の後半になると、人との様々な関わり方に気付き、相手の気持ちを考えて関わり、自分が役に立つ喜びを感じ、地域に親しみをもつようになります。

▲ 相手に役立つことの喜びを感じる

V 小学生や地域の人々を招いて一緒に活動する、地域の祭りなどに家族で参加し、それを保育所で再現して遊ぶことから始まる『社会生活との関わり』の姿

　例えば、子どもは、小学生や地域の人々を招いて一

緒に活動する中で、相手に応じた言葉や振る舞いなどを感じ、考えながら行動しようとします。また、地域の商店に買い物に出掛けたり、周りを掃除したりするなどの機会を通して、地域の人と対話をする機会となります。地域の方から「大きくなったね」、「ありがとう」などの言葉を掛けてもらったりすることで、子どもは自尊感情を高めたり、安心感や役に立つ喜びを感じたりします。その中で、家族を大切にしようとする気持ちをもったり、地域に対する親しみをもったりします。担任は、このような場面から、子どもが考えて行動しようとする姿を捉え、認め、クラスの話題にしてほかの子どもと共有していきます。一人の体験をクラスの体験として共有していくことから遊びや活動への広がりとなっていきます。また、卒園を迎える年度の後半には、好奇心や探求心が一層高まり、関心のあることについて、より詳しく知りたいと思ったり、より本物らしくしたいと考えて遊びの中で工夫したりする中で、身近にあるものから必要な情報を取り入れる姿が見られるようになっていきます。また、例えば、地域の祭りなどに参加した過程で、子どもたちがそれぞれに体験したこと、知っていることを伝え合ったり、写真を見たりしながら活動に発展していくこともあります。後掲の事例のように、時には実際に見せてもらったり、地域の人から話を聞いたりすることもあります。子どもたちは、自分では気付かなかったことを知ることで遊びや活動が広がったり、深まったり、対話したりすることへの興味や関心が育まれていきます。地域の公共の施設などを訪れることで、その場所や状況に応じた行動を取りながら大切に利用するなどのことを通して、社会とのつながりなどを意識するようにもなっていきます。

　子どもの関心に応じて、絵本や図鑑や写真、新聞やインターネットで検索した情報、地域の掲示板から得られた情報などを、遊びに取り入れやすいように見やすく環境構成するなどの工夫は大切です。子どもが、情報を集める方法や集めた情報の活用の仕方、また周囲に伝える方法があることに気付くような提案や話し合いも環境として必要とも言えます。もちろん、子ど

もが楽しみながら体験できるようにすることが大切です。こうした幼児期の身近な社会生活との関わりは、小学校生活においてもつながっていきます。特に、相手の状況や気持ちを考えながらいろいろな人と関わることを楽しんだり、関心のあることについての情報に気付いたり、取り入れたりする姿につながっていきます。また、地域の行事や様々な文化に触れることは、地域への親しみや学びの場を広げていくこと、また自

然事象や社会事象への興味や関心にもつながっていきます。

◀ 必要な情報を集め活用し、伝える

　参考：全体的な計画のねらい『社会生活との関わり』の姿として、以下の事例などが考えられる。

● 園の人材のみでは解決できない課題と向き合うことで取り組みが広がる。

● 生活を充実するため、社会の人と子どもの出会いを結ぶ。

● 直接体験できない場所や事象を探求する。調べたり情報を集めたりしながら気付き学ぶ。

▲ 地域の人と触れ合う体験

● 社会生活における人との出会いや交流を深めながら、大人の知恵への憧れを育む。

● 家族との関わりを深めるため、保育の可視化を進めながら子育て支援の糸口とする。

▲ さらに交流を深める

実践事例から読み解く
社会生活との関わり

事例 1 ●●●●●●●●●●●●● **5歳児**

色作りたちの出会い旅

● 京都府・社会福祉法人 宇治福祉園 三室戸こども園
　総園児数 241 名／1歳児 2クラス、
　その他の年齢は各 1クラス（ただし、3・4・5歳児は活動
　に応じて3グループに編成）
● 事例は5歳児（52名＝18名・15名・19名の3グループ編成）
● 0歳児 23名、1歳児 33名、2歳児 36名、3歳児 48名、
　4歳児 49名
● 自然体験の場を有し、児童発達支援事業所を併設する園
※ 2014 年度

桜色が欲しい … 桜色との出会い

　入園・進級式。5歳児の女児の数人が園長の桜色の
ネクタイを指さし、「えんちょうせんせいのネクタイ
きれい〜！」と声を上げました。これがきっかけとな
り、その色に対する憧れは、クラス中に広がります。
桜色への憧れからの色探し。「どうすれば桜色が得ら
れるか」考え、口々に話し合う子どもたち。最初に出
した答えは園庭の桜の木でした。桜の木を切っても

いい？ 桜の木
から桜色が抽出
できると考えた
のです。子ども
の願いは絵手紙
からポスト作り、
投函、配達まで
数日の試行錯誤
を経て園長に手
渡されますが…。

▲ どうすれば？…を考え、話し合う

園長先生への絵手紙と、その返事

　ある日のこと、子どもたちは園長先生に手紙を書く

ことにしました。字で説明できないところは絵で表
現しました。絵と字が混ざった手紙の中に「さくら
の きぃ とても いいですか」（桜の木、取っても
いいですか）と書かれていました。担任のY先生は、
どうしたら園長先生に届くかについて尋ねました。子
どもたちは段ボール箱でポストを作りました。願いを
込めた手紙が投函されていきます。ところが手作りポ
ストに郵便屋さんは来ません。ポストを持って園長室
まで運ぶことにしました。翌日、返事が来ました。「お
てがみ ありがとう。 よみました。 でも さくらの き
は きると かれてしまうかもしれません。どうしようか
な。いっしょに かんがえてください。えんちょうより」。

　子どもたちは、この園長先生からの返事の手紙に
「かれたら、かわいそうやな」と、悩み始めました。

　※園の人材のみで解決できない課題へあえて向かう
　　ことで取り組みが広がる。

◀ 段ボール箱でポストを作る

園長先生に願いが届きますように！ ▶

ピンチが拓く新たな未来 … 染色家さんとの出会い

　枯れてしまうのはかわいそう。子どもたちは桜の木
は諦め、「ほかに、いいほうほうないかなあ」と、次
なる方法を考え始めました。図鑑やインターネットで
調べました。ところがなかなかいい方法が見当たりま
せん。そこで、Y先生は2か月後の保育参加でお世話
になる染色家のSさん『染めのおっちゃん』の存在
を紹介しました。「きいてみたら いいんちゃう（染
色家のSさんに）」、「しってはるかも…」。早速、子ど
もたちの前で電話をすることにしました。担任から経
緯は伝えてあります。「桜色はどうしたら出せますか」
と担任。おっちゃんは初めて聞いたふりをしながら「杉
の皮から桜色かピンク色が採れるかもしれない」と教

えてくれました。どよめく保育室。未来の扉が開かれた瞬間でした。

※生活カリキュラムを充実するための社会の人と子どもの出会いを結ぶ。

森林組合さんとの出会い

Y先生は、子どもたちと一緒に杉を扱っているところを調べました。行き着いた先は森林組合でした。

子どもたちの前でY先生が電話で「杉の皮を草木染の素材に使いたい」事情を担当者さんへ話しました。子どもたちの意思を引き継ぎ、園長とY先生は子どもたちに見送られトラックで森林組合へ。翌日、トラックの前に勢ぞろいした子どもたち。荷台のシートをオープンにすると、そこには大量の杉の皮が！ Y先生が杉の皮を剥がしている写真も見せて子どもたちに報告すると、「やさしい」「うれしい」「ありがとう」の言葉を連発し、森林組合さんへの感謝の気持ちがあふれてきました。念願の「色」に近づきました。

※子どもが行けない事情・場所であっても、その様子を分かち合う。

▲ 杉の皮を剥がしているY先生

杉の皮から…

細かくした杉の皮を鍋に入れ、水を足します。染め液を作る準備ができました。散歩で見付けてきた棒が活躍します。煮出しながら順番にかき混ぜる子ども

たち。色づく様子を目の当たりにします。自分たちが考え、関わり、多くの人に世話になりながら出来上がった茶色い液体がボウルにあります。

▲ 煮出しながらかき混ぜている

▲ できた染め液の中に真っ白な布を浸す

いよいよ染めです。真っ白な布を浸していく小さな手。しばらく浸した後、染まり具合を確認します。

染めていない布と染めた布を並べて、子どもとY先生が広げていきます。固唾をのむ子どもたち。

「わぁーっ！！」。
結果は大成功でした。客観的には

▲ 染めた布と染めていない布を広げて比べる

求めていた桜色には程遠い、ほのかな茶系に染まったにすぎません。ところが、そのかすかな色の変化に歓声を揚げるほど、子どもの喜びは「桜色」だったに違いありません。

▲ 染まったことの変化に歓声を揚げる

色作りのプロセスを分かち合う

このようなプロセスや山や野原の散歩などの活動を通して、様々な花や枝、実から染め液を作り集めた子

▲ 花、枝、実などで作られた染め液

どもたち。そのプロセスは写真やブログで保護者、地域へ発信しています。

※社会生活の第一である家族との関わりを深める仕組みとして保育の可視化を進める。子育て支援の糸口として機能させる。

染色家さんと…野染め・色との出会い、その行方

春の保育参加は杉の皮のことを教えてくれた染めのおっちゃん（染色家のSさん）のリードで、保護者と一緒に野原でダイナミックな草木染めを行いました。

「ぼくらのいろもあるで」、「わたしのも」、作りためてきた染め液が野原に並びました。保護者の皆さんとも日々の写真掲示やブログで子どもの活動を分かち合い楽しみにしてきました。Sさんの掛け声で長い木綿の布にダイナミックな染めが始まりました。Sさんの染め液、子どもの染め液が出会い、この子どもたち、この人たちならではの風合いに。染め上がった布は人形、制服、エプロン、座布団になって赤ちゃんクラスから保護者、地域の方との出会いを結び、保育環境として今も旅をしています。

※知恵を頂いた社会の人との交流を深め、大人への憧れやすごさについての意識を育む。また、知見を深める。
※その後の保育の展開、生活や遊びとつなぐ。

事例から学ぶ

この事例は、桜色への憧れからの「色探し」に端を発している事例です。『どうすれば桜色が作れるのか』という子どもたちの葛藤する姿や、試行錯誤しながらたどり着いていく活動過程そのものが社会生活につながる契機となっています。桜は桜の木と思い立った子どもたちですが、木を切ることはできずに悩み、ほかの方法を図鑑やインターネットで探し始めます。「色探し」が、地域の「染色家さんとの出会い」や「森林組合との出会い」といった活動に広がり、地域への親しみへと変わっていきました。まさに「遊びや生活に必要な情報を取り入れ、情報に基づき判断したり、情報を伝え合ったり、活用したりするなど、情報を役立てながら活動するようになる」場面と言えるでしょう。地域の「森林組合」には、たくさんの杉皮が積まれ、子どもたちは杉皮から染め液を作ります。森林組合さんの優しさが感謝に代わった瞬間でした。自分たちが作りためてきた染め液は、いろいろな人と関わりながら、新しい出会いによって発展していきます。また、染め上がった布は人形、エプロン、座布団になって、保護者や地域の方との出会いを結び、保育環境として社会生活との関わりを深めています。

▼ ダイナミックに染め上がった長い布を干して…

社会生活との関わり

事例 2 ●●●●●●●●●●●●● 5歳児

お餅つきは「思い」つき

- 京都府・社会福祉法人 宇治福祉園 三室戸こども園
- 0・1・3・4・5歳児2クラス、2歳児1クラス
- 事例は5歳児2クラス50名
- 総園児数／240名　0歳児26名、1歳児32名、2歳児33名、3歳児50名、4歳児49名
- 自然体験の場を有し、児童発達支援事業所を併設する園。保育園からこども園へ移行して2年目。
- ※2016年度

おこめのおとうさん、おかあさんになる

　4月中旬、5歳児担任のA先生は園の米を育ててくれているNさんを紹介。子どもたちは、早速、地図とにらめっこ。「Nさんのいえこのへんかな、たんぼは、まちは…」と、稲の苗の到着を待ちわびていました。5月末、Nさんの苗を見た途端「かわいい～」、「ふさふさや～」と大興奮。「おとうさんがんばるわ～」、「おかあさんも～」と苗の「親」さながらの稲栽培が始まりました。田植えから収穫、脱穀、籾すりまでの活動として保育に取り入れていきました。

▲苗を触って実感し大興奮！

米のことはNさんに

　米の収穫を終え、その米を年末に控えた餅つきの材料にと考えていた準備係の5歳児さんたち。ところが「お餅にはもち米という特別な米を使うねん」とキッチンの先生に言われ「えーっ!!」とびっくり。相談の末、お米のことはNさんにということになり、「もちごめを、わけてください」とNさんに手紙を書きました。

　念願のもち米。Nさんは重さを実感できるようにと小分けにして持って来てくれました。

　「カカシつくったよ。おこめのそばにおいてね」。子どもたちは再会の喜びの証にNさんが喜ぶものをと、豊作祈願のカカシ、稲の栽培過程のアルバムをお礼に渡しました。さらに栽培し収穫した焼きたての椎茸をごちそうしました。Nさんはおいしそうに食べてくれました。

もち米を小分けして▶
持って来てくれたNさん

◀栽培過程のアルバムを
お礼に渡す

与えられた仕事、役に立つ喜び

　「のり、しょうゆ、さとう、きなこ…」材料を調べ、買い物の下調べに行きました。ところが価格調べの最中に「おかねがない～」と気付き、「どうしよう」と落胆のうちに帰園しました。

　「おかねください」、そして「しごとください」と、園長に頼みました。「分かりました。では、3・4歳児さんがクリスマスに飾る木の実や葉っぱが欲しいって言ってたから手伝ってくれるかな」と園長は言いました。

　「きれいなもみじ、おちば、えだも」「よろこんでく

◀ 飾り付け用の木の実や
葉っぱを集めに

れるかな」。数日掛けて素材を集めた子どもたち。「だいじにつかってや」と、3・

4歳児さんへ。「こんなに、ありがとう」と年下のきょうだいたちも大喜びでした。

もらった素材に大喜び！ ▶

お金を持って買い物へ

　手伝いへの感謝を伝えた園長は、子どもが調べた金額を1円から500円の硬貨にして渡しました。その時、硬貨の名前や価値や単位のことも教えてくれました。「これで、かいものにいける」、「はやくいきたい」。

　一人一人手作りの財布に硬貨を入れて近所のスーパーへ出発です。

　グループごとに買うことを決めた品物を数ある棚から探し当て、いざレジへ。ところが支払いがおぼつきません。「ぜんぶだしてみたら」、「10えんあったで」、「ゆっくりでいいよ」。ようやくカウンターに硬貨が並びました。「おねがいします」。しばらくして、「ありがとうございました」とレジ係の方の優しいまなざしと声…。無事に材料がそろいました。

　お餅つきには、様々な「思い」がいっぱいです。

事例から学ぶ

　この事例は、米の生産者さんとの出会いに端を発している事例です。5歳児はすでに田植え、収穫、脱穀、籾すりまでの活動を行い、その中で地域の人との出会いや自然事象との出会いをしています。さらに「お餅にはもち米という特別な米を使う」ということを知った子どもたちは話し合い、相談し、園長先生との対話をしながら試行錯誤していきます。この活動過程こそが社会生活とのつながりになっています。園長先生は、すぐにはもち米を渡しません。子どもたちが手伝いを通じて、いろいろな人と関わりながら、自分が役に立つ喜びを感じるようにお手伝いを提案します。その後、生産者さんからもち米をもらいますが、小袋に分けることから重さを感じています。また、お餅を食べるときに使う「しょうゆやのりなど」は、子どもたちが自分たちで買い物に行く体験ができるようにと「お金」を渡しています。1円から500円の金種に出会いながら、グループで相談し、話し合いながら買い物に出掛けます。グループごとに品物を探し、いざレジへ行くと思うようにはならず、悩んだり困ったりしながら折り合いを付けていきます。買い物にもついていかない時代、カードで買う時代、ネットで買う時代だからこそ、就学前に体験してほしい買い物体験を通じた社会生活との関わりと言えます。

◀ いろいろしてきた
手伝いを
園長先生に伝える

◀ 硬貨の種類と
単位を考える

◀ グループごとに買うものを
棚から探してカゴに

▼ レジ台にお金を並べて確認

6.
思考力の芽生え

奈良女子大学　研究院人文科学系　准教授
本山　方子

I　幼児期の終わりまでに育ってほしい「思考力」とその芽生え

　「思考力の芽生え」は主に「環境」の領域に関わり、具体的な姿として「身近な事象に積極的に関わる中で，物の性質や仕組みなどを感じ取ったり，気付いたりし，考えたり，予想したり，工夫したりするなど，多様な関わりを楽しむようになる。また，友達の様々な考えに触れる中で，自分と異なる考えがあることに気付き，自ら判断したり，考え直したりするなど，新しい考えを生み出す喜びを味わいながら，自分の考えをよりよいものにするようになる。」と示されています。

　本章では、思考力について示し、遊びにおける思考力の芽生えとその表れについて、述べていきます。

1. 思考力とは

　人は、自らの知識や経験を眼前の状況や新たな情報と結び付けて、自らの生活世界を再構成し更新していきます。その過程において、対象と関わり、対象について理解を深め、対象との関わり方を振り返り、よりよい関わりを探ります。思考とは、広義には「物」「事」「人」などを相互に関係付けることであり、その関係の付け方を指します。この関係付けは、就学以降では、主に言語的活動を通した、知識と情報の操作によりますが、乳幼児においては、対象物や事象や人に、より直接的に関わりながら行う点に特徴があります。そして、対象との関わり方を多様化させ継続させることで問題解決を行い、探究を深めていきます。

　つまり、乳幼児期に芽生える思考力とは、より直接的な関わりを通して、物、事、人などを相互に関係付ける力であり、関係の付け方を工夫する力を意味します。具体的には、対象物や事象などについての「理解」と、物や事などとの関わり方に関する「操作」と、自らの関わりやその仕方を見直す「振り返り」を含みます。「理解」と「操作」と「振り返り」は相互に関連し合って、全体としての思考力を形成します。

2. 理解 ── 関わりを通して事物を理解する

● (1) 物の性質や仕組みの理解

　子どもは、素材と直接関わりながら、物の性質や仕組み、構造や機能などを理解します。

　泥団子作りでは、途中で破裂させないために、土の材質の見極めと湿気の管理が課題となります。早く乾かそうと焦って日なたに置くと割れてしまいます。つやを出し光らせるにはサラ砂が必要です。子どもはサラ砂の質を見分けていて、より良質なサラ砂が園のどこにあるのか探します。泥団子作りを通して土砂の粒子の違いや水の性質と役割、適切な乾燥場所やサラ砂の採取場所の特徴を理解していきます。

　けん玉を作って遊ぶ活動では、けん玉の仕組みや構造を考えます。玉の大きさはカップの口の大きさと対比させて判断します。玉の重さは軽い方が投

じか持ちタイプ ▲
◀ キャップを貼り
合わせた玉
四方にカップを ▶
付ける

げやすいですが、コントロールは、しにくくなります。ヒモの長さもまたしかりです。ヒモの取り付け位置や持ち手の形状も玉の入れやすさに関係し、工夫を要します。作っては試すことを繰り返し、その過程で自分の力の入れ具合を加減したり、玉の落下地点を予測したりして、支点と力点と作用点の関係を体験していきます。

玉をカップに確実に入れたいという子どもの思いは、製作物の機能に表れます。持ち手がなく、じか持ちするタイプのけん玉もあれば、持ち手にいくつもカップを取り付け、玉を受けやすくしたけん玉もあります。

● (2) 事象の理解 ▨▨▨▨▨▨▨▨▨▨▨▨▨▨▨▨▨

子どもは遊びや生活の中で、自然現象や文化的事象、物理的現象など様々な事象を理解していきます。

自然現象で言えば、自然の摂理を理解することに通じます。一つには、自然は「変化」するということです。季節は、季節による自然物の違いや風景の変化として捉えられます。生き物の生死という事象は、変態や体の動き、食や排泄の変化として捉えられます。植物は、茎や葉の形状の変化や結実などに「生長」という事象を見いだされます。

二つには、自然の変化には秩序や規則性、法則性があるということです。季節の循環や食物連鎖は自然の秩序の一例です。葉の生え方には互生、対生、輪生という規則性があります。冬の氷づくりで、水の量や置き場所、器の大きさや材質、気温などを勘案することは、氷は一定の条件下で凍るという法則を理解することにつながります。

三つには、自然の制御には難しさがあるということです。例えば、風雨や日照が栽培物の生長に影響したり、鉢によって結実の量が違ったりします。泥団子は粒子の密着と湿気の管理を怠れば、割れてしまいます。草花からきれいな色水を抽出して、ペットボトルに保存しても、翌日には色あせてしまいます。

自然と関わり「育たない」「凍らない」「割れる」「色あせる」という事態に出合うことは、子どもがどうしたらよいのかという問いをもち、遊びを工夫する契機

になります。つまり、自然の摂理を理解し、自分の思いを実現しようとする際の工夫が、思考力を引き出す遊びや活動となっていきます。

3. 操作 — 対象と多様な関わり方を行う

「操作」とは、物や事などとの関わり方や関係の付け方全般を指します。子どもは対象と多様な関わり方をし、事物を関係付けて、理解していきます。

第一に「行為」として、加工など事物との接し方や扱い方を工夫します。稲の栽培の過程で、種籾（たねもみ）から苗を育て、植える深さを確かめながら田植えをします。稲刈りまでの間、泥田の感触を味わい、生長や稲穂の色づきなど稲の変化を見ています。鳥から穂を守るために、かかしを作って立てたりします。刈った稲は乾燥させ、脱穀と籾すりをし、精米します。稲と多様な関わりを行い、田んぼの世話と稲の生長を関係付け、米作りの手間や、白米の貴重さを理解します。

第二に「手続き」として、分類や比較など対象の特徴を捉えるための方法や、問題解決の方法を工夫します。氷作りでは、凍り具合を「比較」し、凍りやすい容器とそうでないものを「分類」するなどします。そして、金属製の容器の方が凍りやすいと「予測」して、試してみます。うまくいかないことが「確認」されると、設置場所や水の量など別の要因を予想して、再び試し確かめます。また、全体と部分との関係から特徴を捉えることなどもします。稲穂から籾と米とが分解され、一粒の米が取り出されます。実際の作業を通して、米が稲の　部であることを理解します。

第三に「論理」として、現象間や、行為と現象との間を、論理的に関係付けます。例えば「ひんやりした場所に水を置いたから、氷が張る」など「こうだから、こうなる」「こうやったら、こうなる」という因果関係や、「カップの口が大きいほど、玉がよく入る」など「こうなるほど、こうなる」という相関関係があります。さらに「こうしたいから、こうする」という目的─手段関係もあります。例えば「米を割らずに籾殻（もみがら）を取りたいから、すり鉢とボールで籾をする」とい

うように米と籾殻と籾すりを関係付けます。

　多様な関わりとは、このように「行為」「手続き」「論理」という異なる操作を一つの対象に様々に行うことを意味します。対象への多様な関わりを通して、対象に興味・関心や、疑問をもち、自らの思いとともに対象の理解を深めます。

4. 振り返り——自らの考えや関わり方を見直す

　幼児期においては、言語能力の発達や言語的な活動の充実に伴い、自らの遊びをより深く振り返り、見直して、改善や工夫を行えるようになります。

　振り返りの一つに、事実の把握と自己評価があります。今日、誰と何をどのようにしたのか、そのために自分や友達は何をしたのか、その結果どうだったのか、などが相当します。幼児期の間に振り返れる時間の幅が長くなり、主体の範囲が広がります。3歳児では「今日」の単位で、直近の「自分」のことを振り返りますが、5歳児になるにしたがい「昨日」「今週」「この間」と時間軸を意識するようになり、自分だけでなく、一緒に遊んだ友達がしていたことや、ほかの遊びをしていた友達のことまで気付き、話すようになります。また、結果についての言及は自己評価につながります。自己評価としては「うまくいった」「だめだった」という活動の成否の評価や、「面白い」「つまらない」という興味・関心、「続けたい」「もっとこうしたい」という継続への意思などがあります。

　二つには、メタ認知や関わり方についての学びがあります。メタ認知とは認知の認知、つまり自分の考えや取り組み方についての認識を指します。自分の思いや考えをどのように遊びに反映させたのか、その結果どうだったのか、初めの考えを変えて別のやり方にするのか、などについて、一連の流れとして認識することがそれに当たります。けん玉作りで言えば、持ち手の両側にカップを付けたところ→持ち手に当たって玉が入らないので→持ち手にカップを付けたら入るかもしれないと考えて→カップを追加した→そうしたら最初より入るようになった、ということです。こうし

た振り返りにおいて、自分の遊びがどのように進んでいるのか把握し、どうすれば自分の思いを実現できるのか考え、そのための見通しや計画をもちます。対象とのより良い関わり方について学び、自らの遊びをマネジメントするようになります。

　自分だけで、自分の考えや関わりなどを把握することは易しいことではありません。振り返りの質を高めるには、友達など他者の考えや見方、関わり方に触れて、自分との異同や、自分なりの対処を考えることがよい契機になります。自分で考えた新しいアイデアが友達に認められることを通して、考えることの喜びと重要性を認識していきます。

Ⅱ　遊びにおける問題解決と思考力の芽生え

　思考力は遊びにおける問題解決場面でしばしば促進されます。自分たちの「こうしたい」という思いが共通の「問題」となり、取り組みの目当てが生まれ、予想に基づいて解決のための手段や方法が工夫され、実際に試されます。その過程で、対象の理解に基づき自分の考えをもち、友達と話し合い、解決に向けてよりよい考えを導き、多様な関わりを通して試し評価します。

　5歳児11月の転がしコース遊びの事例です。1学期から固定遊具の高さを利用して、コース遊びを続けてきました。『できるだけコースを長くしたい』というかねてからの思いは、『運動場の真ん中までの長いコースをつくる』というこの日の目当てとなり、といを並べ始めました。いつものように、先に地面にといを並べてから木片などを差し込み、少しずつ傾斜を付けるというやり方です。

　するとA児は、スタート地点の位置を「もっとたかくしたほうがいいよ」と主張し始めました。これまでのやり方ではコースは平坦になりがちなことを踏まえ、傾斜や落差を付

傾斜や落差を予想して ▶

けないとドングリがゴールまで届かないことを予想しての主張でした。しかし、他児たちは「でもこわれる」と言ってこれまでのやり方を優先します。なぜなら、スタート地点を高くし傾斜角度を上げると、コースが不安定になり壊れやすくなるからです。崩壊のリスクを恐れてなかなか賛成しなかったのですが、A児が主張を続けるので、試してみることになりました。固定遊具の上からドングリを投入できるほどにスタート地点を上げてみると、なんとコースのゴール近くまでドングリが転がったのです。

遊びの振り返り場面で、どうして成功したのか、クラスで考えます。A児は「たかくするほど、さかみちもきゅうになる」と話すと、B児は「ひくかったらさかみちがすぐおわる。ころがしがおわっちゃう」と捕捉します。「（スタート地点を）たかくすれば、さかみちをつくりやすくなる」

▲ スタート地点の高低について
考えを言い合う

「さかみちのぶぶんが、おおくなる」と、成功したので自信をもって、考えを言い合います。遊びの最中はA児も他児たちも順序立てて説明できませんでしたが、話し合いにおいて子どもたちは納得に至りました。

▲ 滑らかにコースをつなげ
成功した理由を考える

この事例で子どもたちはコースの扱い方を工夫し、長くするための手続きをとり、『高くするほど急坂になる』と論理付けするなど多様な関わりをしています。そして、振り返りを通して、傾斜の角度と長さや、玉の加速や到達距離などを関係付け、物理的事象を理解しています。玉を確実に転がすコースの状態についての確からしさや、スタート地点を高くすべきという自らの予想の確からしさが認識されています。

事例 1 ●●●●●●●●●●●●● 3歳児

ドングリを転がしたい

事例提供：中野　寛子（奈良市立帯解こども園）
作成：本山　方子

● 奈良市立帯解こども園　総園児数137名　8クラス
● 事例は3歳児1クラス（19名）11月の自由選択活動

ドングリが通るコースをつくろう

ドングリ転がしで、じっくり遊べるように保育室に環境を整えました。長方形のテーブルの短辺側の脚を折り、傾斜を付けて転がし台としました。一つのテーブルには全面に模造紙を貼り、描き込みができるようにしました。大きさの異なるカップ類やトレイ、巻き芯、フェルトペン、テープなどを準備しました。ゴールに据えるミルク缶や大量のドングリも用意してあります。ドングリ転がしが始まると、A児が「トンネル、くっつけたい」と巻き芯を机に貼り、その内側にドングリをくぐらせました。その様子を見ていたB児はプリンカップを持って来て「いえにしたい」と模造紙に貼り付けます。C児は「どうろもかいていい？」と模造紙にフェルトペンで描き始めました。

子どもたちは、思い思いにカップやトレイを貼り付けたり、道を延ばしたりしてコースをつくっています。

巻き芯やとい、▶
カップなどを貼り付け
コースをつくる

容器の口は伏せたり、仰向けたり、スタート側に向けたりして、様々な貼り付け方をしています。テーブルの下端にはミルク缶や紙パックなどの容器を留め付けたので、ドングリがどこに転がってきても受けられます。隣のテーブルには、といが貼り付けられました。

　コースが出来上がり、子どもたちはドングリを次々と転がします。トンネルをくぐらせようとしたり、カップ目掛けてドングリを投げ入れようとしたり、それぞれのやり方で繰り返し試しています。子どもたちは「ころがった」「カップのなかに、はいった」「トンネルも、とおったで」と、自分たちがつくったコースをドングリが転がり通っていくことを喜びました。

最後まで転がしたい…ここやったらころがるで！

　転がし続けていたB児が「カップにドングリがあたってな、とんでいった」「さっきはこっちにころがったのに、こんどはそっちにいった！」と、ドングリの転がり方は一様ではなく、変化することに気付きました。

　A児は、ドングリが素材に当たると止まってしまうことに気付きました。途中でドングリが止まるとスタートからやり直し、ドングリはどこを通れば止まらずに下端のゴールまでたどり着くか、何度も試しています。傍らのC児も一緒に転がし、「ころがらへんなぁ」と止まった箇所から転がし直しています。

　ゴールまで転がしたいのですが、ドングリは思うように転がってくれません。「こっちからころがしてみよう」とスタート地点を変えてみたり、「つよくころがしてみよう」と押し出す力の加減を変えたりして、テーブルの向こう端まで転がすために工夫を重ねています。

　何度か試していくうちに、A児が「ここからしたら、さいごまでころが

ドングリが最後まで▶
転がり切るまで
何度も試す

る」「ここやったらころがるで！」と、絶好のスタート地点を見付けました。それを聞いたC児は同じ地点から転がしました。「ほんまや！」と何度も転がし、ドングリがゴールまで到達することを確認します。「さいごまでころがった！」と喜ぶ声が重なり合います。

すくって、滑り落として、止めて

　D児は、ドングリ転がしで賑わう保育室で、おもむろに直径15cmほどの透明の容器を手に取り、ドングリを容器一杯にすくいました。そして、テーブルに貼られた、といにそのドングリを一気に流し込みます。といの先にはミルク缶があり、ドングリはガラガラと音を響かせました。続いてドングリを1つ取って割り、その中身と殻をといに置くと、滑り落としました。

　D児は手を伸ばして、ドングリを2個拾いました。先ほどの容器はテーブルに伏せてあり、その容器の口を少し持ち上げて2個のドングリを押し込みます。偶然、その1個がこぼれてテーブルを転がり落ちました。するとドングリを拾い上げて、伏せた容器に押し込み、ドングリごと容器をテーブルの上で揺さぶります。テーブルは傾斜しているので、手を離したら容器ごとテーブルを滑り落ちていきました。その動きに興味をもったのか、容器でドングリをすくってはテーブルに伏せ、容器ごとドングリを滑り落とすことを繰り返します。「みてー、これ」「あー」と容器の滑りに合わせて声を上げています。すると、今度は、ドングリをすくって容器ごと伏せたものの、容器が滑り落ち始めるとテーブルの下端に到達

▲ 容器にドングリを入れ
逆さにして転がす遊びを
偶然発見！

する直前、手で寸止めしました。テーブル上を引きずり上げては手を離し落下直前で止める……滑り落とそうか、落とすまいか、そんなことを逡巡しながら容器を離したり押さえたりを繰り返しているようです。

やがて容器もドングリも滑り落とすと、今度は新たに小ぶりの容器を取りました。D児は左手に小容器を、右手に先ほどの容器を持ってドングリのたまりにやって来ました。小容器でドングリをすくっては、右手の容器に移し入れます。それを数回繰り返すと大きい方の容器が満たされました。すると、その大きい容器から、ミルク缶にドングリを入れ替えます。小さい容器から大きい容器へ、さらにもっと大きい容器へ。すくっては移し替えることを何度も繰り返していました。

▲ 転がす遊びから、すくって大きな容器に移し替えたりするのが楽しくなって…

事例から学ぶ

　子どもたちは対象物と多様な関わりを試しています。ドングリに対して転がしたり、巻き芯を潜らせたり、容器にため込んだり、缶を鳴らしたり、割ったり、滑らせたり、すくったりするなど様々な操作を加えています。このように操作を工夫することによって、物としてのドングリの性質を直観的に理解していきます。転がる程度に球形であり、カップなどに当たると跳ねたり、停留したりすることを理解し、器に満たしたり移し替えたりすることでその量と重さを実感します。

　また、幾つかの問題解決を試みています。素材を貼り道を描いてコースを作ったり、ドングリをより確実にゴールに到達させるために最適のスタート地点を探ったりしています。後者ではA児の発見をC児が試して検証しています。こうした経験は「コース」の概念を形成する契機になります。

　3歳児らしいのは、自らの行為とそれがもたらす現象との関係に興味をもち、転がしたりすくったりという行為そのものを繰り返し楽しんでいることです。行為によってもたらされる現象が、次の行為を動機付けています。D児が伏せた容器をドングリごと滑らせて寸止めすることは、落下という事象を操作しており、物理的な感覚に支えられて可能になっています。予想を立ててから実施するというよりも、直接操作して事物や行為を関連付けているところが特徴的です。

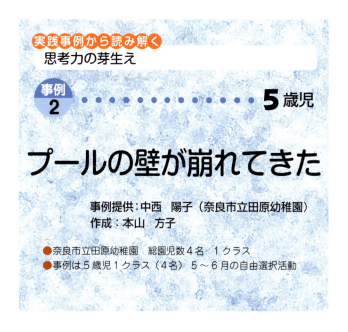

実践事例から読み解く
思考力の芽生え

事例 **2** ● ● ● ● ● ● ● ● ● ● ● **5** 歳児

プールの壁が崩れてきた

事例提供：中西　陽子（奈良市立田原幼稚園）
作成：本山　方子

● 奈良市立田原幼稚園　総園児数4名　1クラス
● 事例は5歳児1クラス（4名）5〜6月の自由選択活動

二つに分かれるプールをつくりたい

　5月、子どもたちは、自分たちの背丈を超える高い山を砂場の中央につくりました。山の周囲に堀ができ、水をためることになりました。しかし、そのためには大量の水が必要です。そこで、水道から、といやパイプをつないで砂場まで水路をつくり、堀に水を引き込みました。子どもたちが裸足になって泥の感触を味わっていると、A児はプールをつくることを提案します。子どもたちは互いに「トンネルもいいね」「ながれるプールもいいな」「プールをふたつにわけたら、ちいさいこも、はいれるね」と、思いを出し合い、全てを兼ね備えたプールをつくることに決まりました。

　けれども、B児は「どうやって、わける？」と分割方法を考えあぐねていました。すると、A児は「ここにやま（仕切り）をつくって、セメントでかたくするねん」と話し、堀に砂で仕切りをつくり分割し、その壁にセメント代わりの泥を塗って固める方法を示しました。

◀ 砂の山を仕切りにして壁面に泥セメントを塗って乾かす

するとB児は「（自分も）やまのかべをつくるわ」とA児に続き、C児とD児は「ぼく、セメントつくる」「ぼくも」と名乗りを上げました。自分たちで役割を決めて仕切りづくりに取り掛かります。

何度やっても崩れてしまう

翌日、A児は「かたまったかな？」と触って固まり具合を確認し、友達に知らせて、水をため始めました。するとあろうことか、壁の一部が崩れてしまいました。子どもたちは「わ、くずれてきた」「ここもや」と崩落箇所を見付け、「まだ、かたまってなかったのかな」と推測しました。「もっとかたくしよう」とより強固になるようにつくり直しますが、何度、壁面を固めても、どうしても崩れてしまいました。

誰もが困っていると、「しょうがくせいにきいてみよう」とB児が提案し、皆それに同意しました。というのも、隣接する小学校の1〜4年生数名は昼休みなどに幼稚園の砂場にやって来て、一緒にプールづくりをしてくれていました。「明日も来るからね」「明日は、長靴履いて来るわ」と、翌日には長靴持参でやって来る児童もいました。幼児たちは、小学生が頼もしかったのです。

小学生に尋ねると、「硬いものを置けばいいよ」と、教えてくれました。しかし、園児たちには「かたいもの」として何がよいのか、思い浮かびません。「かたいものってなんだろう？」とそれぞれ探しに行きました。

ペットボトルが使えるかな

「ペットボトル、みつけたよ」。子どもたちは「かたいもの」としてキャップの付いたペットボトルを持ち込みました。A児はペットボトルを横に寝かして積み上げました。一方、B児は反対側の壁にペットボトルを立てて並べました。B児は「（積み方が）Aちゃんとちがう」と声を上げ、A児も「ほんとうだ」と話し、お互いに並べ方の違いに気付きました。

しかし、積み方は二人とも変えたり、統一したりし

ないまま、つくっていたプールに水をため始めました。すると、ペットボトルが浮かび上がり、プールの壁は再び崩れてしまいました。

それを見たB児は「おもいものをおいたら、うかば

▲横に寝かして積み上げる　▲壁に立ててレンガで押さえる

なくなるで」とA児に提案します。二人は、今度は「おもいもの」を探します。園庭の花壇でレンガを見付けて、ペットボトルの足下を押さえるように並べてみました。すると、浮かなくなったことに安堵し、「あっちもしよう」と別の箇所にもレンガを置きました。

▲ペットボトルの底をレンガで押さえて壁にもたれかける

「あれ、みずがこない」。今度は、水流が止まってしまいました。よく見ると、置いたばかりのレンガが水路を塞いでいたのです。子どもたちは「これや」「これ、どけよう」とレンガを指さしたものの、「でも、ペットボトルういてくるで」と葛藤します。

ペットボトルだけで何とかならないだろうか──子どもたちは、考えを巡らしました。ペットボトルの底部を少し埋めてみたり、上下逆にして注ぎ口の方を埋めてみたり、いろいろ試しています。偶然キャップのないペットボトルを埋めたC児が、「あ、おもくなったで」と大きな声を発しました。「ど

ろみずがはいってるからや」と、水の重さに期待して、早速、壁際に置いて水を流してみました。「うかへん！」。子どもたちは、水の中で浮き上がって流されることのない擁壁をペットボトルでつくれたことを喜び、みんなで泥水入りのペットボトルをせっせとつくりました。

▲ ペットボトルに泥水を詰める

プールの完成を目指して

6月の中頃には、砂場の山は子どもたちの背丈の倍ほどになっていました。プールの完成を目指して、入念な作業が続きます。

流れを二分する例の仕切りについては、積み上げたペットボトルと押さえのレンガの上から土を丁寧に充塡してペットボトルのブロックを覆い隠しました。それによって、ペットボトルが崩れたり流れ出たりすることを防ぐことができました。

▲ 土を隙間に充塡して完成

▲ プールの壁全面を保護する

壁面の保護は仕切りだけでなく、水路の両岸に施されました。それは、プールに入ったときに、壁が崩れて身体が泥水につかってしまうことを避けるためでした。

水の侵入を防ぐため▶
ビニールやブルーシートを
底に敷き詰める

平面は板で覆い、山の曲面などは連杭の花壇柵や、泥水入りのペットボトルを並べ、部分的にレンガで押さえました。さらには、底面の砂や泥がせっかくためた水を吸い取ったり、プールに混入したりしないように、大判のビニールやブルーシートなどを底に敷き詰めました。

事例から学ぶ

子どもたちは砂場の中央に高い山を築き、その周囲に堀をつくり、さらに堀を二つに分割する擁壁を築いてプールにするという土木工事に挑んでいます。

子どもにとっての難関は、堀を分割する「仕切り」の擁壁づくりです。壁をいかに崩れなくするか、という問題を共有し、解決に向けてアイデアを出し合い試行錯誤を続けます。そのアイデアが本物の擁壁の工法に似て、子どもたちの工夫が圧巻です。

まず、壁の表面を泥セメントで固めるという吹付工法を採用します。しかし、浸水に負けてあえなく崩れます。次に、小学生の助言を受けて、硬いペットボトルを積み上げます。これは空積み式です。しかし、ペットボトルが浮き上がりこれも失敗します。そこで、重力式のように重いレンガで足下を固めますが、レンガが水流を止めてしまいます。今度は、泥水を入れたペットボトルを並べて、もたれ式で挑みました。そして最終的に、ペットボトルと押さえのレンガの上から土を充塡して、練積み式で堅牢な擁壁を完成させました。その後、続けて、水路の護岸に乗り出します。

このように、子どもたちは、問題→解決法の提案→遂行→結果の評価→新たな問題、という手順を繰り返し、崩れない壁をつくるという目的を達成しました。互いに様々な考えに触れ、自ら考え直し、新たな考えを試しています。活動の展望と目的を共有し、随所で発生する問題に協働して取り組んでいます。

この過程において、子どもたちは砂や泥、水のほか、ペットボトルやレンガ、花壇柵や板やビールシートなど様々な材料を持ち込み、結果を予想しながら試したり工夫したりしています。塗る、積み上げる、押さえるなどの操作を施し、物の性質や秩序、擁壁の仕組みなどに気付いたり、考えたりしています。ここに「思考力の芽生え」をみることができます。

7.
自然との関わり・生命尊重

大阪総合保育大学　児童保育学部　教授

瀧川　光治

はじめに

「自然との関わり・生命尊重」は、「自然に触れて感動する体験を通して，自然の変化などを感じ取り，好奇心や探究心をもって考え言葉などで表現しながら，身近な事象への関心が高まるとともに，自然への愛情や畏敬の念をもつようになる。また，身近な動植物に心を動かされる中で，生命の不思議さや尊さに気付き，身近な動植物への接し方を考え，命あるものとしていたわり，大切にする気持ちをもって関わるようになる。」と示されています。本章では、日常の園環境の中で、「自然の変化を感じ取る」「自然への愛情や畏敬の念をもつ」「いたわり、大切にする気持ちをもつ」ということがどのように育っていくのか、そのための経験や保育者の役割はどうするとよいかについて述べていきます。

I 「自然との関わり・生命尊重」の視点から見る子どもの姿

この姿は具体的には「自然に触れて感動する姿」「自然の変化などを感じ取っている姿」「身近な事象への関心が高まっている姿」「それらに好奇心や探究心をもって思い巡らしている姿」「それらに対して気付いたり不思議に思ったりしたことを言葉などで表している姿」「自然への愛情や畏敬の念をもっている姿」といった自然や自然事象に対する子どもの姿が含まれています。さらに、身近な動植物に対して「命あるものとして心を動かしている姿」「親しみをもって接している姿」「いたわり、大切にする気持ちをもっている姿」も含まれています。

例えば、5歳児の春に、アオムシを飼育し、チョウに成長していくまでの過程を子どもたちはどのような様子で見たり、関わったりしているでしょうか。アオムシが脱皮して大きくなっていく様子を見ながら「わぁ、おおきくなった」と心を動かしたり、「もっとおおきくな〜れ！」と餌をどんどん飼育ケースに入れていったりする姿があるでしょう。サナギになったときに「しんでしまったの？」と心配する姿もあることでしょう。そしてサナギからチョウに羽化したとき、「すごい！」「きれい！」「ふしぎ！」とさらに心を動かしたり、友達同士で「よかったね！」「チョウ（生き物）ってふしぎ！」と言葉で表しながらやり取りする姿もあることでしょう。また、オタマジャクシを、カエルに成長していくまで飼育していくときにも、同じような子どもの姿が見られることでしょう。

では、1〜2歳児の子どもたちでは同じような姿が見られるでしょうか。興味や関心を表したり、触ってみて親しみを感じたりというような姿が部分的には見られることでしょう。それぞれの年齢で、自然や生き物に関わる経験が積み重なる中で、だんだんと5歳児になってくると、「自然との関わり・生命尊重」に示された姿が複合的に関連をもって育ってくるのです。

II 「内容」から見てみよう

「自然との関わり・生命尊重」に示されているような子どもの姿が育ってくるためには、領域「環境」の「内容」に示されているような経験を積み重ねる必要があります。その1歳以上3歳未満児では「身近な生き物に気付き、親しみをもつ」こと、3歳児以降では「自然に触れて生活し、その大きさ、美しさ、不思議さな

どに気付く」「季節により自然や人間の生活に変化のあることに気付く」「自然などの身近な事象に関心をもち、取り入れて遊ぶ」「身近な動植物に親しみをもって接し、生命の尊さに気付き、いたわったり、大切にしたりする」ことが、子どもが経験していく内容として示されています。

まずは、身近な生き物や自然の存在に気付いたり、親しみをもつことから始まります。保育室や園内で何か生き物を飼育するときに、棚

▲ 棚ではなく、子どもの視線の高さに置く（写真1）

の上に飼育ケースを置くのではなく、（写真1）のように子どもの視線の高さに置きつつ、絵本や図鑑の一場面のコピーなどをそばに置くことで、関心や親しみが膨らんでいきます。また、「こんなふうに　すを　つくるかな？」と保育者が言葉（掲示も）を添えることで、子どもは「どうなるのだろう？」と観察していきます。そのような経験が積み重なる中で、大きさ、美しさ、不思議さなどに気付いたり、変化に気付いたり、関心を寄せたりする経験が積み重なっていきます。

これは、園庭に咲く草花などの身近な自然や、室内で植物を栽培するときでも同じです。（写真2）

▲ 植物の生長に合わせて絵本を用意（写真2）

は、ヒヤシンスの水栽培に合わせて絵本を用意し、さらにニンジンやダイコンのへた、サツマイモをトレイで水栽培しています。野菜のへたからは新たな茎や葉が育っていて、生命感を感じることができます。

単に自然や動植物に触れる機会をもつだけでなく、写真1・2のように保育者が意図的な環境構成を行う

中で、身近な自然や動植物に接し、生命を感じ取っていく経験をしていくことができます。このような経験が長期にわたって積み重ねられることによって、「自然との関わり・生命尊重」の中の具体的な子どもの姿として、「自然の変化を感じ取る」「自然への愛情や畏敬の念をもつ」「いたわり、大切にする気持ちをもつ」といった育ちにつながってくるのです。

Ⅲ　「内容の取扱い」から見てみよう

保育者としてそのような育ちを支えていくために、3歳児以上の「内容の取扱い」では次のように説明されています。

まず「幼児期において自然のもつ意味の大きさ」として、「自然の大きさ、美しさ、不思議さなどに直接触れる体験を通して、子どもの心が安らぎ、豊かな感情、好奇心、思考力、表現力の基礎が培われることを踏まえ、子どもが自然との関わりを深めることができるよう工夫すること」と示されているところです。これらは単に自然が身近にあればよいというものではなく、保育者自身が「自然とその変化のすばらしさに感動する」といったことや、子どもが少しでも自然への関わりの中で感じたり気付いたりしたことを受け止め、共感していくことが大切です。そして、子どもが主体的に自然のいろいろな面に触れる経験をしていく中で、「どうしてこうなっているのだろう？」と思いを巡らせるなどの好奇心や探究心が生まれてきます。そのように自然に触れたり、関わったりする中で、子どもの好奇心・探究心だけでなく、豊かな心情や思考力、表現力を育んでいくように保育環境や援助を工夫していく必要があります。

▲ 子どもたちの感じた言葉で分類（写真3）

例えば、（写真3）のように、子どもたちが拾った

いろいろな落ち葉を、子どもたちが感じた言葉から分類して貼ってみるのもよいでしょう。

そして、「自然や動植物への畏敬の念、生命を大切にする気持ち」を育むことについては、同様の「内容の取り扱い」に、「身近な事象や動植物に対する感動を伝え合い、共感し合うことなどを通して自分から関わろうとする意欲を育てるとともに、様々な関わり方を通してそれらに対する親しみや畏敬の念、生命を大切にする気持ち、公共心、探究心などが養われるようにすること」と示されています。子どもは自然や動植物に関わる中で「きれい！」「おもしろい！」とか、「ふしぎ！」「すごい！」「へぇ～」と心を動かしています。自分たちで育てているトマトやナスの実がなっているのを見付けて思わず、「みて～。トマトができてる！」と感動することもあります。このように心を動かしたり、感動したことを周りの友達や保育者にも伝えようとしたりします。そのようなことに共感してもらえることによって、さらに意欲的、主体的に関わりたくなります。このような経験を重ねていく中で、命あるものに対して、親しみや畏敬の念を感じたり、生命を大切にする気持ちをもつようになってくるのです。(写真4)は、園内でたまたまカメが卵を産んだことを「ニュース」として子どもたちに知らせるための掲示物です。このような様々な気持ちを引き起こすような豊かな環境の構成と、身近な事象や動植物との関わりを深めることができるような援助をすることが大切です。

カメが卵を産んだことを
▼知らせるニュース（写真4）

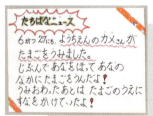

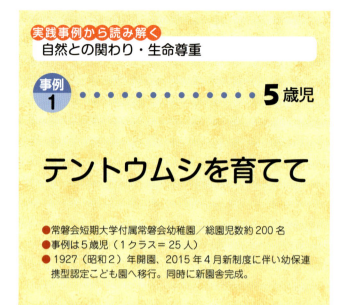

事例 1　●●●●●●●●●●●●●●● 5歳児

テントウムシを育てて

●常磐会短期大学付属常磐会幼稚園／総園児数約200名
●事例は5歳児（1クラス＝25人）
●1927（昭和2）年開園、2015年4月新制度に伴い幼保連携型認定こども園へ移行。同時に新園舎完成。

場面　1
卵が孵化（ふか）した（4月下旬）

4月の終わり、ある子どもが休日に捕まえてきたテントウムシの幼虫と捕まえたテントウムシが産んだ卵を持って来てくれました。成虫のテントウムシ自体も日頃なかなか見付けられませんが、幼虫や卵になると、かなり珍しく、保育者自身も『これがテントウムシになるのか？？？』と、成虫とは似ても似つかぬ姿をまじまじと見ていました。

▲テントウムシの幼虫

幼虫を「しっている」という子どももいましたが、餌がアブラムシであることも曖昧（あいまい）で、興味が湧くまでは、保育者が世話をしていこうと思っていました。そんな矢先、偶然的なことが続いて起こりました。その頃園庭にあるカラスノエンドウ（ピーピー豆）を鳴らす遊びがはやり出していたのですが、その辺りや園庭で遊んでいるときに、次々にテントウムシを子どもが見付けてきたのです。

毎年、数匹の幼虫や成虫を見ることはありましたが、

続けて3匹も見付けてくることはありませんでした。この偶然がきっかけで、このテントウムシを飼うことになり、餌のアブラムシを探そうとするようになっていきました。

その頃、なんと卵が孵化！！ 事前に卵はどれくらいでかえるのかを調べてみましたが、成虫については載っていますが幼虫や卵についてのことはほとんど載っていませんでした。どんなものが産まれてくるかが分かりませんでしたが、卵の大きさからすると小さいだろうと思い、事前に網ではなく透明のセロハンを貼っていたのが良かったです。産まれて

テントウムシの卵 ▶

きたのはゴマより小さい黒い虫でした。餌のアブラムシを入れると、餌の方が大きいぐらいでした。

▲ 孵化し、出てきた、小さくて黒いもの…

卵がかえり、持ってきてくれた幼虫も大きくなり、子どもたちがテントウムシに興味をもち始めた頃にゴールデンウィークに突入しました。

どうしてもテントウムシが気になり、休み中は保育者が自宅に持ち帰り世話をすることにしました。すると、今度は、子どもたちが園庭で見付けたテントウムシが卵を次々に産み出しました。中には、休み中に孵化するものもあって、卵、幼虫、成虫といろいろな段階のテントウムシがいっぱいになりました。

ゴールデンウィークが明けて、たくさんに増えたテントウムシの家族をいよいよ幼稚園に持って行き

▲ テントウムシのことで盛り上がる

ました。子どもたちは、「えぇーっ、ようちゅう、こんなにおおきくなったの？」「いっぱいたまご、うんでんなぁ」と、それぞれが、観察ケースをのぞき込んで

は口々に気付いたこと、感じたことを話していました。保育室の一角にテントウムシのコーナーができました。

やがて、初めに持って来てくれた幼虫がサナギになり始めました。観察ケースの壁や餌が付いていたカラスノエンドウの茎にとまり、妙な動きをした後にサナギに変身します。保育後にその場面に出くわしたその様子を伝えると、次にサナギになるのはどれかと、1日に何度も観察ケースをのぞき込む姿が見られるようになりました。

「わぁ〜イナバウアーしてるみたい！！」「ほんまやぁ」「もうすぐサ

▲ トゲトゲ幼虫　　　▲ 初めの幼虫

ナギにへんしんするなぁ」。午前中に変化し出した幼虫は見事、保育中にサナギに

なり、子どもたちも目の当たりに見られたことでさらに関心を示していたようでした。

その後、園庭で見つけたテントウムシから産まれた幼虫も子どもたちのマメなアブラムシ探しのおかげで、すくすくと育っていきました。

場面 2
あれっ、幼虫の形が違う？（4月下旬〜）

「あれっ！ あとのようちゅうはなんかトゲトゲしてるなぁ」初めに持って来てくれた幼虫は表面がツルっとしていたような気がします。そう感じたとき、クラスの中にもトゲトゲさに気付いている子どもがいましたので、一緒になってそんな気がするよねと共感し合いました。実は、初めに持って来てくれたテントウムシは赤い体に黒い点が7つある『ナナホシテントウ』で、幼稚園で見付けた3匹のテントウムシは、黒い体に赤い点が2つある『ナミテントウ』でした。

「もしかして？？？ テントウムシのしゅるいがちが

うと、ようちゅうのかたちがちがうのかな？」 子どもたちが予測を立て始めました。「まえのようちゅうのサナギからは、ナナホシがうまれてきたやろ！ じゃあ、このトゲトゲのんからナミがうまれてくるんちゃう？」「ってことは、ナミがうまれてきたら、ナミのようちゅうはトゲトゲっていうことや‼」

この後、トゲトゲ幼虫が変化したサナギが、いつ羽化するかを楽しみにしながら観察が続きました。そして、見事に予想は的中！ トゲトゲの幼虫からはナミテントウが産まれてきました。

わくわくした発見でした。

▲ 子どもたちの発見と予測を表にした

事例から学ぶ

　この年長クラスの子どもたちは、生き物に積極的に関わる活動を3年間を継続してきました。この事例では、特に「身近な動植物に心を動かされる中で、生命の不思議さや尊さに気付く」姿が見られます。そこで気付いたり、感じたりしたことを、次に出会ったいろいろな場面で繰り返し使いながら新たな行動に進んでいます。まさに資質・能力の3つの柱が一体的に育っていると言えます。この5歳児の事例からの「自然との関わり・生命尊重」の姿を中心に、10の姿の様々な育ちを見て取れます。

実践事例から読み解く
自然との関わり・生命尊重

事例 2 •••••••••••••• **5歳児**

間引いたエダマメ 大きくなぁれ

- 深井こども園／総園児数 180 名
- 事例は5歳児（1クラス＝ 30 人）
- 2001年4月に公立保育所より民間移管され、自然に関わる保育、子どもたちの主体性を育くむために見守る保育を実践している。

場面　1
「まびきって、なんやろ？」（4月上旬頃）

　年長児になり、以前からの憧れの1つであった野菜の栽培に取り組み、コマツナやホウレンソウは種から、ジャガイモは種イモから栽培を始めました。しかし、それぞれの野菜が生長するにしたがって徐々に「間引く」ということが気になり始めました。子どもたちは昨年までの年長児の栽培の様子を観察して『草抜きをしている』と思っていたようです。しかし実際に間引くときに、「げんきなのに、なんで、ぬくんやろ」と疑問に感じたようで、「もったいないな」「なんでやろ」といった声が聞かれました。

これは、ぬいていいかな？

これは、くさ？ホウレンソウ？

もったいないね！

場面 2
「まびいたエダマメ、もう1かい、うえてみよう！」（5月上旬頃）

　栽培をしているエダマメを間引いた際に、子どもたちと「これとこれを抜こうか」と話をしていると、「もしかしたら、げんきのないやつをぬいてるんちゃうか」という気付きが出てきました。

生長したので間引くことに

げんきがないやつをぬいたよ！

　その後エダマメを間引いた話を朝の集会のときにしていると、「げんきがないやつでも、ぬくのはもったいない」、「もう1かい、うえてみたらどうやろ」という意見が出て、間引いたエダマメを再度植えてみることになりました。そして「げんきがないやつと、げんきなやつではどっちがいっぱい、まめがとれるかな」という疑問が出て実際に試してみることにしました。

げんきにそだってね！

しばらくすると

かれてるやん！

　しかし、植え替えをした後、水を充分にあげていなかったらすぐにしおれてきてしまいました。慌てて水をたくさんあげましたが、子どもたちからは「やっぱり、まびいたやつはダメなのかな」という声が聞かれました。

場面 3
「どっちがいっぱい、とれたかな」
（6月下旬～7月上旬頃）

　水やりや園庭で遊んでいるときも栽培物の観察を重ねていました。「どっちもけっこうできてるで」という報告を受けていましたが、子どもたちの予想は「ま

びいたもののほうが、とれない」でした。理由を聞く
と「くきがあんまりおおきく（背が高く）なってない
から」というものでした。

　実際に収穫してみると、豆のサイズが違うという声
が挙がりました。見比べると意外にも間引いた物から
穫れた豆の方が、どれも全体的に大ぶりでどの房にも
豆がしっかり入っていました。子どもたちは少し驚き、
信じられないといった表情を見せていました。

　そして、株ごとに収穫した数を数えると、元気な物
から穫れた数よりも、間引いた物の方がたくさん穫れ
ている株もありました。この予想外の結果に子どもた
ちは「なんでやろ」、「ふしぎやな」、「みんながしんぱ
いして、まいにちおせわしたからや！」という声が聞
かれました。

けっこうできてる！

収穫を
することにした

なんこ、
あるんやろ？

場面　4
「どっちのエダマメがおいしいかな」
（7月上旬頃）

　収穫したエダマメの大きさの違いや数の違いを体験
し「どっちがおいしいか、たべくらべてみたい」とい
う意見が出ました。実際にゆがいた物をそれぞれ食べ
てみると、間引いた物の方が「にがい」、元気な方
は「あまくておいしい」という声が多く聞かれました。
保育者も食べ比べしてみましたが、はっきりとは分か
らなかったものの確かに味の違いは感じることができ
ました。

こっちの
ほうが
おいしい！

場面　5
「やさいって、ふしぎだな」
（7月下旬～8月下旬頃）

　エダマメの栽培を通して様々な自然の不思議さを体
験したことで、今まで以上に自分たちで気になったこ
と、試してみたいことを保育者に相談してくるように
なりました。

　収穫したネギの根を乾燥させて再度植えると、また
大きくなってくるという話を聞くと、子どもたちは、

興味津々で、実際に挑戦してみました。実際に収穫することができましたが、「もう1かい、できるか、ためしてみたい」という声に、もう一度植えることにしました。三度目の収穫もできましたが、「なんかいできるか、ためしてみよう」と、栽培を続けていました。

なで相談したところ「スカートみたいに、したをあけておくといいかも」という声が出て、再度挑戦してみると、真っ白とはなりませんでしたが、全体的に白っぽいナスを作ることができました。

ネギの栽培

しばらくすると

また、図鑑を見て、ナスの栽培では、実が大きくなる前にアルミホイルを巻くと白いナスができるという内容を発見。「アルミホイルをまいて、しろいナスをつくろう」と挑戦することになりました。最初はナス全体を包むようにアルミホイルを巻いて様子を観察していると、2〜3日後にはナスが生長して銀紙がビリビリに破れてしまいました。どうすればいいかをみん

事例から学ぶ

コマツナやホウレンソウの栽培の際に「間引く」という行為の意味が分からず、最初は「くさぬきをしている」という考えでした。そこからエダマメの栽培を通して、元気な物をより大きくするためにやると気付き、再度植えてみたらどうなるだろうという疑問を抱きました。再度植えた後も献身的にお世話をしていた子どもたちでしたが、もしかしたら枯れてしまうかもしれない、豆もあまりできないのではないか、といった不安な気持ちを抱えたまま収穫の時期を迎えました。結果は様々な意味で予想を裏切るものとなりました。大きさを比べて驚き、収穫数を比べてまた驚きがありました。味を比べての驚きもありました。このように自然（栽培）の不思議さに改めて気付く結果となりました。また、その後の栽培における活動においても、子どもたち同士で話し合い、工夫し、協力して様々な疑問に取り組んでいる姿が見られました。

このような体験・経験は、まさに10の姿の「自然の変化などを感じ取り、好奇心や探究心をもって考え言葉などで表現しながら、身近な事象への関心が高まるとともに、自然への愛情や畏敬の念をもつようになる」という「自然との関わり・生命尊重」を育むものなのです。

ナスの栽培

したは、あけるんやで！

しろっぽく なってる！

1週間後
完成

8.
数量や図形、標識や文字などへの関心・感覚

共立女子大学　家政学部　児童学科　教授

白川　佳子

Ⅰ 幼児期の終わりまでに育ってほしい 「数量や図形、標識や文字などへの関心・感覚」の姿

「幼児期の終わりまでに育ってほしい姿」の中で、「環境」や「言葉」の領域に関わっているのが「数量や図形、標識や文字などへの関心・感覚」です。「幼稚園教育要領」の中では、具体的な姿として、「遊びや生活の中で，数量や図形，標識や文字などに親しむ体験を重ねたり，標識や文字の役割に気付いたりし，自らの必要感に基づきこれらを活用し，興味や関心，感覚をもつようになる」と示されています。

本章では、日常の園環境の中で、子どもたちの数量や図形、標識や文字などへの関心がどのように育っていくのかについて述べていきます。

1．標識への関心を育てる

園では、0歳児から一人一人の子どもにマークを決めて、持ち物を置く場所に目印のシールが貼られていることがあります。そして、子どもたちは、そのマークが自分の持ち物に貼ってあると分かるようになり、愛着をもってそのマークが何を示して

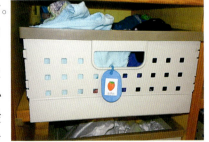
▲ 0歳児の衣類カゴ

いるのかを認識するようになります。

実際、1歳くらいになると、オムツ替えの時間帯に、お友達のために引き出しからオムツを持って来る姿も

▲ 1歳児のタオル掛け

見られるようになります。このことから、自分のマークだけでなく、お友達のマークも理解できていることが分かります。

ある園では、子ども一人一人のマークが持ち物以外にも使われていました。製作途中の積み木などにも自分のマークが

▲ 3歳児〜5歳児のタオル掛け

付いたカードを置いて、「自分が作っている途中だから壊さないでね」というメッセージを伝えています。それを見た子どもたちはマークの主である子どもが作っている途中なのだということを理解し、壊さないように配慮しています。

また、園には様々な場所に標識があります。例えば、各クラスの標識、トイレの標識、当番表、非常口の標識などです。このように、日常生活の中で、標識のもつ意味やメッセージに気付いていくのです。当番表については、「給食」「お茶」「机拭き」「掃除」などの当番の役割と担当のグループ名が対応することを読み取り、その役割を実行したり、終了したら交代するということを理解します。ほかにも、

▲ 絵本コーナーの標識

▲ 当番表

遊びの中で子どもたちの遊びを発展させる目的で使われることもあります。子どもたちが製作活動でカタツムリを作った際に、その作品に自分が作ったものであるということを示すシールを貼り、牛乳パックで作ったカタツムリマンションの箱にも対応するシールを貼っておくと、自分が作ったものをどこに置くのかを示す標識にもなるとともに、カタツムリごっことして展開する際には、カタツムリが帰るおうちのマークとしての役割を果たします。

▲ 遊びの中の標識（カタツムリの部屋がマークで識別できる）

2. 数量への関心を育てる

● (1) 数字への関心

子どもたちは、遊びや、食事などの生活の様々な場面で、数量などに気付き、関心を徐々に高めています。

子どもたちにとって数字が記された身近なものと言えば、時計が挙げられます。数字が1から始まり、2、3と続き、10、11、12とつながっていくことに気付きます。保育の中では、遊びの終了時間を手作りの時計を用いて「長い針が7のところ」と示したり、ごっこ遊びの

▲ 遊びの終了時間を示す時計

中で子どもたちが紙に10、20、30と数字を書いたお金を作り、手作りのレジスターの引き出しの中に入れて遊ぶ姿が見られます。

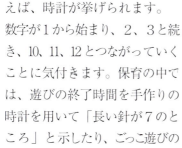

▲ レジスターの数字
（引き出しの中には紙で作ったお金）

● (2) 数を数える

2歳児の給食場面を見てみると、トレイの上に主菜、副菜、ご飯、デザートの4皿が載っていて、副菜を全部食べた子どもが「1こからっぽになった」と言っている姿が見られます。3歳児になると、保育者のおかずの方が多いことに気付き、「なんで（ハンバーグが）3こもあるの？」と尋ねたりします。大人と子どものおかずの数を比べて、大人の方が多いということに気付いているのです。

また、当番の子どもが園長先生にクラスの出欠を報告に行く際に、1クラスに20人いて4人欠席だから16人が出席だと分かったり、縄跳びやコマ回しの遊びで、今日は3回できたから目標の5回まであと2回だということから、足し算や引き算の基礎が分かるようになってきます。

● (3) 大小を比較する

積み木遊びでは、子どもたちは数量や図形を意識しながら遊ぶ姿が見られますが、片付けの様子を見ていると、同じ長さの積み木を重ねたり、長い積み木の上に、短い積み木を数個重ねて同じ長さにしたりして、子どもたちが長さを意識していることが分かります。

ある保育園の5歳児クラスの子どもたちは、園庭の芝生に生えてきたキノコを集めて、直感でその大きさを比較し、「大きいキノコ」「中くらいのキノコ」「やや小さめのキノコ」「すごく小さいキノコ」と4種類の大きさに分類していました。このように、幼児期には、大小の大きさを比べて、さらに同じくらいの大きさのものでも分類できるようになってくるのです。

3. 図形の感覚を育てる

1歳を過ぎると小さい積み木などで遊ぶことを通して図形への気付きが出てきます。例えば、丸い形のものは不安定で上に積み上げることができないことが分かります。そして、型はめなどの遊具で遊ぶことを楽しむようになってきます。図形遊びの代表的なものは積み木遊びですが、立体図形を用いて、大きな形のものを作ったり、三角形の積み木を二つ合わせると四角

形の積み木になることに気付きます。
　立体図形である積み木に触れて遊ぶことにより、同じ形のものに気付き、四角、三角、丸、星形などの図形の

▲ 積み木（立体図形）

▲ 七夕飾り・5歳児
　（ひし形などの飾り）

弁別ができるようになってきます。そして、三次元である立体図形に直接触れて視覚的に見る経験を通して、折り紙で三角を折るなど二次元の平面図形についても分かるようになってきます。

4.　文字への関心を育てる

● （1）ひらがなを読む ∎∎∎∎∎∎∎∎∎∎∎∎∎∎∎∎∎∎∎

　文字への関心は何歳頃に出現するものでしょうか。乳児期の子どもたちへの絵本の読み聞かせを観察してみると、1歳頃から絵本の中の文字を指でたどり声を出すなどする様子が見られます。そして、ひらがな読みは、絵本の読み聞かせなどを通して、幼児期の終わりまでにほとんどの子どもができるようになります。ひらがなは、基本的には発音と文字が対応しているので、園環境のいろいろなところにある文字を読むようになってきます。子どもたちの周りにひらがな文字を見る機会があり、子どもたちがそれを発音したくなるような内容のものを用意しておくことが大事です。子どもはひらがなが読めるようになると、自分から進んで読める文字を探して読むようになります。

　保育室の文字環境にはどのようなものがあるか紹介しましょう。例えば、保育室には子どもたちみんなでよく歌う歌の歌詞、朝の支度の手順や園庭から帰ったときの手順などが壁に掲示されています。子どもたちは、歌詞を読みながら一緒に歌うことで文字と音声との対応ができていきます。また、朝の支度の手順

朝の支度の手順 ▶

や園庭から帰ったときの手順などは、子ども自身の行動と文字とが結び付き、文字の意味が分かるようになっていくのです。

園庭から帰ったときの手順 ▶

▼ ズンゴロ節の歌詞
　（芝浦アイランドこども園）

♦ ずんごろぶし ♦
あおいそらのしたには しろいくものしたには
ぼくたちをよぶ だいちがひろがる ひろがる
みどりのかぜのなかで うたごえひびくなかで
わたしたちの ゆめもともにひろがる
☆さぁさ いこう こころはずませ
あのおかをのぼれ レドシラソソファミレ
どこまでも あ、ずんばずんば
いつまでも あ、ごろごろ
はてしもなく みちはつづくよ
☆くりかえし

（『ズンゴロ節』作詞・作曲／浅羽俊一郎）

▲ おすし屋さんごっこのメニュー

ごっこ遊びの中でも、メニューにひらがなが使われていると楽しみながらひらがな読みへの関心が育まれます。

● （2）ひらがなを書く ∎∎∎∎∎∎∎∎∎∎∎∎∎∎∎∎∎∎∎

　幼児期の終わりまでにひらがな書きは完成しません。ひらがな読みとひらがな書きは独立して学習されるからです。でも、自分の名前を書いてみたいと思うなどひらがな書きの芽生えは見られます。まずは、ひらがなを読めるようになることや直線や曲線など様々な線を描いたり迷路遊びなどの経験をたくさんしたりすることが大切です。ひらがな書きは小学校に入ってからの指導で十分ですが、ひらがな書きをしてみたい子どもたちがいたら、まずはひらがなの線をなぞることから始めるとよいでしょう。

　保育の中で、子どもたちがひらがなを書く姿はどのようなときに見られるでしょうか。例えば、5歳児が「リレーはどうしたら早くなるか」と話し合っているとき、字が書ける子どもがホワイトボードにみんなの意見を書く姿が見られたりします。コーンを持って回る、途中で止まらない、スピードを落とさない、転んでも泣かないで走るなど、子どもたちがお互いの意見を共有して、新しい考えを生み出すために文字を活用

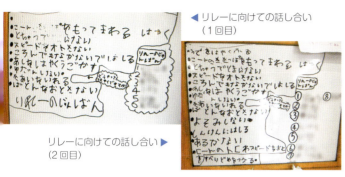

▲ リレーに向けての話し合い
（1回目）

◀ リレーに向けての話し合い
（2回目）

できることを知ります。

　自分の名前がひらがなで書けるようになってくると、今度はお友達に手紙を書きたいという子どもが出てきます。その時に、保育者は文字を使って気持ちを伝えたいという子どもの思いを大事にしたいものです。保育室に郵便ポストを置いて、郵便屋さんごっこがはやったり、忍者ごっこの遊びから忍者から手紙が来たという流れになり、忍者にお手紙を書きたい子どもが出てきて、楽しく文字を書く経験につながることもあります。

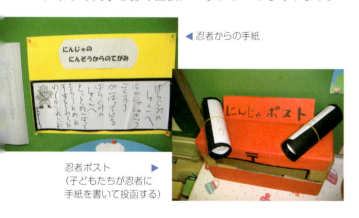

◀ 忍者からの手紙

忍者ポスト　　　▶
（子どもたちが忍者に
手紙を書いて投函する）

Ⅱ 「数量や図形、標識や文字などへの関心・感覚」が育まれる過程をより意識していきましょう

　前項では、数量や図形、標識や文字などへの関心・感覚について具体的に理解を深めるために、保育の中でよく見られる場面を挙げてみましたが、次に今回の3法令の改訂（改定）で強調された、より「主体的・対話的で深い学び」となるよう、保育の環境構成を「知識及び技能の基礎」「思考力、判断力、表現力等の基礎」「学びに向かう力、人間性等」の幼児教育において育

みたい「資質・能力」の3つの柱から考えていきたいと思います。

　数量、図形、標識、文字への関心や感覚の育ちは、乳児期から始まっています。年齢に応じて保育環境の中に、これらに様々に触れ合える状況を十分に用意していきましょう。子どもたちの数や文字などへの関心の芽生えが出てきたときに、保育者は子どもたちが何を知って何ができるのかといった「知識及び技能の基礎」の面をよく把握することが大切です。例えば、遊びや生活の中で、数を数えたり、数の大小や多少に気付いているか、様々な形の特徴や違いに気付いているか、標識や文字に意味があることに気付いて文字を読んだり書いたりしているか、などをよく捉えることです。

　次に、「思考力、判断力、表現力等の基礎」では、数や量の大小や多少を直接比べたり、道具を使って工夫して比較したりしようとする姿があるか、様々な図形を描いたり積み木など形の違うものを組み合わせて表現したりする姿があるか、標識や文字を使って自分の気持ちや考えを自分なりに表現しようとする姿があるか、などを捉えます。

　さらに、「学びに向かう力・人間性等」では、数の大小や多少に興味や関心をもって、数を数えたり、数字を読んだり書いたりしようとしたり、形の特徴や違いに興味や関心をもち、必要に応じて、形を使い分けたり、組み合わせたりしているか、身の回りにある標識や文字に興味や関心をもち、その意味を尋ねたり、読んだり書いたりしようとしているか、などを捉えます。

　保育者は子どもが関心をもったことが十分に経験できるような環境を用意し、子ども一人一人の数量・図形・標識・文字への関心や経験の度合いを把握し、子どもの姿を正確に捉えて、子どもが必要感をもって、主体的にそれらの活動に親しめるよう援助していくことが大切です。そのことによって、子どもたちのもっと学びたいという意欲が育ち、友達と協同しながら数や文字を用いて遊ぶ力が育っていくのです。それは、小学校以降の学習への関心や日常生活での活用へとつながっていきます。

数量や図形、標識や文字などへの関心・感覚

事例 1 ●●●●●●●●●●●●●● **5歳児**

さつまいもチャンピオン

執筆：白川　佳子（共立女子大学）

- 西五反田第二保育園／総園児数約130名／全年齢各1クラス
- 事例は5歳児（1クラス＝25人）
- 0歳児12名、1歳児20名、2歳児23名、3歳児26名、4歳児25名
- 1・2歳児は3グループに分けて1歳児低月齢、1歳児高月齢と2歳児低月齢、2歳児高月齢
- 幼保一体及び保幼小連携で0歳〜12歳までの育ちを見通した保育・教育

おイモが届いたよ

11月中旬、先日、楽しみにしていたイモ掘り遠足が雨天のため中止になり、畑をもつ農家から保育園にサツマイモが届けられました。担任のM先生は、5歳児を集めて、「おイモが届いたよ、お気に入りのものを見付けて持って帰ろう」と子どもたちに呼び掛けました。さらに、M先生は、「大きいものはみんなで保育園で食べて、中くらいのものと小さいものは持ち帰っていいよ」と補足説明をしました。

◀ たくさんのサツマイモに触れて喜んでいる様子

数えてみよう

あらかじめ、ブルーシートに、大きいおイモ、中くらいのおイモ、小さいおイモの3種類に分けられています。子どもたちは、「どれくらいあるのかなあ」と触って喜んでいます。「ちいさいこどもたち（3・4歳児）にもわけてあげられるかなあ」と心配している

子どもたちもいます。じゃあ、数えてみようということになり、大きいおイモ、中くらいのおイモ、小さいおイモのシートごとに並べて数え始めました。

▲ サツマイモの数を数えている様子

どれがいちばんおおきいのかなあ

並べて数えているうちに、おイモにはいろいろな大きさがあることに気付き始めます。その時、R君の「どれがいちばんおおきいのかなあ？」というつぶやきを聞いて、M先生が調理室から台秤を持って来ました。秤の上におイモを載せると、針が200から300の目盛りの間を行ったり

▲サツマイモの重さを量っている様子

来たりするのを子どもたちは面白がっています。

M先生が「じゃあ、このおイモたちは200から300の間だね」と言って、200と300の数字を書いた紙を地面に置きました。そうしているうちに、400の目盛りに近いものも出てきました。それで、M先生は400と書いた紙を追加しました。

▲サツマイモを重さ別に並べている様子

どんどん、重いおイモが出てきて、最終的には700の目盛りまで出てきました。結局、子どもたちは目盛り200、300、400、500、600、700と書いた紙の上に重さ順におイモを並べていきました。

長さ・太さも…チャンピオンは？

重さ順におイモを並べてみると、今度は長さが気になる子どもたちが出てきました。2個のおイモを立てたり、横に並べたりして、長さを比べ始めました。そして、今度は、「これがふといかなあ」と太さを見比べる子どもが出てきました。それを見ていたM先生が青い紙テープを持って来ました。その紙テープをおイモの一番太い部分に巻き付けて測り、その測った紙テープをもう一個のおイモに巻き付けて太さを比べる子もいれば、2個のおイモそれぞれに紙テープを巻き付けて、その後、その2本の

▲ サツマイモの長さを比べている様子

紙テープの長さを比べる子どももいて、それぞれに子どもなりの工夫で太さを比較していました。そして、「これがいちばんふとかったよ」と太さチャンピオンの1本を決

▲ サツマイモの太さを
比べている様子

めました。M先生は、画用紙に、「おもさちゃんぴおん」「ながさちゃんぴおん」「ふとさちゃんぴおん」と書いて、子どもたちはそれぞれのチャンピオンになったおイモを紙の上に置きました。

こうやって、はかったんだよ

その後、保育室に3つのチャンピオンの画用紙を移

動したところ、子どもたちは代わる代わるチャンピオンのおイモを手に取ったり触れてみたりしていました。チャンピオンを決めた子どもたちには、クラスのみんなの前でどのようにはかったのかを発表してもらいました。そして、チャンピオンのおイモや大きいシート

▲ サツマイモのチャンピオン決定

のおイモたちは、保育園でふかしてみんなで食べ、中くらいと小さいおイモの中からお気に入りのものを見付けておうちに持って帰りました。

事例から学ぶ

この事例では、畑を管理している農家から大量にサツマイモが届けられ、まず、子どもたちがその数の多さに驚き、年下のクラスの子どもたちの分もあるかなとつぶやいた姿がありました。担任のM先生は、ふだんから子どもたちに数量に関心をもってほしいという思いがありましたが、あらかじめ、台秤、目盛りつきの画用紙、太さを測る紙テープを用意していたわけではありませんでした。そのため、子どもたちの数は足りるかなというつぶやきを聞き逃さず、いいタイミングで「じゃあ、数を数えてみよう」と声を掛けました。そのことにより、子どもたちは、数を数えやすいようにサツマイモを一列に並べました。

これは、ふだんの子どもたちの遊びの中にヒントがあります。子どもたちはふだんから金貨ゲームという遊びの中で、獲得した金貨を5個きざみで線が引かれている紙の上にグループごとに並べて数えるという経験をしています。そういった経験があるため、今回、それをサツマイモに応用して数を数えることができたのでしょう。

次に、重さを台秤で量っているときに、最初子どもたちは、200と300の目盛りの間を針が行ったり来たりすることに興味が集中してしまいました。そこで、担任のM先生が、画用紙の両端に200、300と書いたものを用意し、その上にサツマイモを置いていったらと提案しました。すると、重さが視覚化されて分か

りやすくなり、重さが200に近いものから300に近いものまで順番に並べることができました。

　重さ順に並べてみても、長さは重さ順に比例していないことに気付き、さらには、太さもいろいろあるということにも気付いていきました。この時も、「どちらがふといかな？」と指を使って太さを比べていた子どもたちに、担任のM先生が青い紙テープを渡して、「これで測ってみたら」と提案しました。このように、子どもたちがサツマイモの数量に関心を深めていく経験ができたのには、子どもたちのちょっとしたつぶやきを聞き逃さず、いいタイミングで言葉掛けをし、台秤、目盛り入りの画用紙、紙テープを子どもたちに用意した保育者の存在が大きかったと考えられます。

　また、保育室に戻った後、「さつまいもチャンピオン」に最後まで参加しなかった子どもたちに対して、実際に体験した子どもたちがどのように、はかったのかを説明したことにより、知識や関心を共有することができたのではないでしょうか。

実践事例から読み解く
数量や図形、標識や文字などへの関心・感覚

【3〜5歳児異年齢クラス】
事例 2
・・・・・・・・・・5歳児 中心に

段ボールの滑り台作り

執筆：神谷　潤（白梅学園大学　大学院）

●うめのき保育園／0〜2歳児クラス各1クラス、3〜5歳児異年齢3クラス
●事例は異年齢クラスの5歳児が中心に行い、3・4歳児が加わった活動（1クラス＝23名・5歳児＝7名）
●私鉄の駅近くの住宅街に立地。近所に公園が多数点在
●創立5年目（事例は4年目）の新しい保育園

自分たちの滑り台を作ってみたい

　先週、保育園の近所にある公園に遊びに行った際、保育園にはない大きな滑り台を見てきた子どもたち。

　自分たちでどうやったら手作りの滑り台ができるか、毎日話し合いをしました。「すべるところはステンレスだよ」「ちがうよ、プラスチックといただよ」など、おうちの人にも協力してもらい調べてきた子どもたち。

▲ 上：階段、中：滑り台（裏）、下：滑り台（表）

　ほかにもいろいろな意見が出ましたが、結局、どうやって作ればいいのか、みんなで悩んでしまい、一向に話が具体的に進んでいきません。その時、Bちゃんが、「いつもほいくえんにきてくれているだいくさんにきいてみたら？」と提案をしました。ほかのみんなもBちゃんの提案に大賛成です。

　早速、おやつの時間の後に、大工のGさんが5歳児クラスの保育室を訪ねてくれました。そして、子どもたちに作りたい滑り台について尋ねました。すると、子どもたちからは「おへやのなかですべれるものがいい」という意見が出され、Gさんからは「じゃあ、どんな素材で作ろうか？」と質問がありました。子どもたちは、口々に「かみ」「てつ」「がらす」「き」「いし」「みず」などのアイディアが挙がりました。Gさんはそれらの意見を一つ一つ子どもたちに分かるように平仮名でホワイトボードに書き出しました。Gさんは、子どもたちのアイディアを認めつつ、「紙は破れたり、壊れたりするかもしれないね」「鉄は堅いし危ないな」「ガラスは割れちゃう」「石は、でこぼこになっちゃう」「氷は溶けてしまうし、冷たいね」「木でもできるね。でも、実は段ボールを使っても滑り台が作れるんだよ」と言って、ホワイトボードに設計図を書いてくれました。

▼ 滑り台作りについて話し合っている様子

▲ 透明の積み木で作った
滑り台の模型

Gさんによると、段ボールを二重に重ねて長方形と三角形の段ボールを作り、土台の椅子の上に重ねて置けば滑る所を作れることや、階段部分は長方形の積み木を並べればよいとのこと。説明を聞いた後すぐに、小さい透明の積み木で滑り台の模型を作ってみる子どももいました。

丈夫な滑り台が作りたい

話し合いの結果、みんなで板段ボールを使って、滑り台を作ることになりました。椅子の上に板段ボールを載せても、人がその上に乗るとへこんでしまうため、支える椅子の位置や板段ボールの枚数、その固定方法などを相談しながら工夫していき、やっと「すべっていいよ」とOKサインが出ました。

でも、最初はしばらく楽しく滑ることができましたが、そのうちまた板段ボールがへこんできてしまいました。それで、再び相談をして、同時に滑れる人数の上限を二人までと決め、注意書きを滑り台の横に貼り付けました。

滑り台には三角形が必要なんだね

昨日の続きで滑り台作りをしてみると、いろいろな発見がありました。前日の板段ボールは3枚だったので4枚重ねてみたり、大工のGさんに教えてもらった設計図の通りに、滑る板の下のところに三角形の支えを入れると丈夫になるのではないかと子ども用の椅子

▲ 三角形の段ボールを入れて
丈夫になった滑り台

と板段ボールとの間に三角形の段ボールを作って入れてみたりしました。すると、子どもが同時に4人くらい乗っても壊れない、すごく丈夫な滑り台が完成しました。

ほかのクラスの子どももご招待

滑り台にカラーテープなどで装飾し、クラスのみんなで滑り台を設置して毎日遊びました。一週間くらい経つと、今度は、ほかのクラスの友達にも滑ってもらいたいという話になり、保育園で一番体が大きいH君を呼んできました。H君が2回滑りましたが、滑り台は壊れませんでした。「Hくんがすべってもだいじょうぶなすべりだいができた〜！」とみんな大喜びです。

最後には、みんなで保育室の中にキラキラ幼稚園を作り、その中に、滑り台を置いて、ほかのクラスの友達も招待して遊びました。

▲ 装飾し完成した滑り台

事例から学ぶ

この事例は、長方形や四角形といった図形に親しむ活動であるとともに、子どもたちの中に滑り台を作りたいという必要感があるため、ホワイトボードに平仮名で書かれた滑り台の設計図の文字を読んで、思考が深まったり、子どもたちがお互いの考えを共有したりできるという、文字の活用の仕方を自然と学んでいます。

ふだんの積み木などの遊びを通して、三角形や四角形の積み木を組み合わせると滑り台ができるという知識はもっている子どもたち。今度はそれらの形を段ボールで作るということは、ある角度から見たら二次元的には三角形や四角形だけど、立体にすると三角形の面が2つと四角形の面が3つあるという三角柱の立体図形の特徴に気付く経験にもつながっています。

9.
言葉による伝え合い

奈良教育大学　教育学部　教授
横山　真貴子

I　幼児期の終わりまでに育ってほしい「言葉による伝え合い」の姿

「言葉による伝え合い」は、主に「言葉」の領域に関わる「幼児期の終わりまでに育ってほしい姿」です。その具体的な姿は「先生や友達と心を通わせる中で，絵本や物語などに親しみながら，豊かな言葉や表現を身に付け，経験したことや考えたことなどを言葉で伝えたり，相手の話を注意して聞いたりし，言葉による伝え合いを楽しむようになる。」（幼稚園教育要領，2017）と示されています。

子どもは、5歳児の後半になると、相手の話を注意して聞いて理解するようになり、自分の思いや考え、経験したことなどを相手に分かるように工夫しながら話すようになります。自分の考えをまとめ、自分とは異なる考えに触れ、考えを深めていくようにもなります。さらに、伝える相手や状況に応じて、言葉の使い方や表現の仕方を変えたり、話し方を工夫したりするようにもなります。こうした姿が「言葉による伝え合い」の姿であり、子どもが言葉を介して、人との関係をさらに深めていこうとする姿とも言えます。

本章では、「言葉による伝え合い」の姿がどのように育まれていくのか、乳児期からの育ちの過程を、保育者の援助の在り方とともに描き出していきたいと思います。

ないしょだよ！▶
（認定こども園　5歳児）

II　「言葉による伝え合い」が生まれる基盤

1．「気持ちが通じ合う心地良さ」を感じる

「言葉による伝え合い」の基盤は、乳児期に「身近な人と気持ちが通じ合う」（保育所保育指針，2017）、その心地良さを感じることにあります。子どもはこの世に生を受け、信頼できる人とのやり取りの中で、受け止められ、認められる経験を重ねることで、人と気持ちが通じ合うことの喜びや心地良さを感じるようになります。この心地良さが、人と思いを分かちもちたい、人に自分の気持ちを伝えたい、相手の思いを知りたいという「伝え合い」の育ちの基盤となるのです。

▲ 見つめ合い、通じ合う

2．受容的・応答的な保育者の関わりのもとで

気持ちが通じ合うためには、身近にいる特定の大人、園であれば、保育者の愛情豊かで受容的・応答的な関わりの積み重ねが不可欠です。ふだん自分のそばにいて、自分の声や動きに応え、優しい笑顔で触れ合ったり、言葉を添えてくれたりする保育者を、子どもは安心・信頼できる存在と感じるようになります。

特定の保育者との間に愛着関係が形成されると、子

どもはその保育者とともに過ごし、気持ちを通わせ合うことに喜びを感じるようになります。こうした情緒的な絆をよりどころとして、人に対する基本的信頼感を培ってもいきます。自分がかけがえのない存在であり、愛され、受け入れられていることを感じると、自己肯定感も育まれていきます。自分の気持ちを表現しようとする意欲も生まれ、体の動きや声、喃語などで、自分の思いや欲求を伝えようとするようにもなります。

このような心の育ちが、人と関わり合いながら生きていくための力の基礎となります。人と思いを分かち合う「言葉による伝え合い」の基盤にもなるのです。

Ⅲ 「言葉による伝え合い」が育まれる過程

このように「言葉による伝え合い」は乳児期に育まれる人への信頼感を基盤として芽生え、「話す→聞く→伝え合う」という3つの過程（無藤、2011）を経ながら、育まれていきます。

1. 話す

●「伝えたい人」がいて、「伝えたいこと」がある ■■■

子どもは「伝えたい」と思う人に向けて、言葉を発します。保育者が、子どもにとって思いを「伝えたい人」になる。ここから「言葉による伝え合い」が生まれます。そのために保育者には、子どもの言葉による表現が不十分であっても、身振りや表情、声の調子などから、その思いや気持ちをくみ取り、応えていくことが求められます。その積み重ねが、子どもの保育者に対する信頼感を育みます。

また、子どもに「伝えたいこと」があることも重要です。

みてみて、
おちないあわができたよ！▶
（認定こども園　5歳児）

保育者との信頼関係が形成され、安心して園生活が送れるようになると、子どもは生活や遊びの中で体を動かし経験したことや心が動いたことを「みてみて！」「きいてきいて！」と、保育者や周りの友達に伝えたくなります。伝えたくなるような生活や遊びの充実が、子どもの言葉を育てます。

● 対話の中で話が形作られる ■■■■■■■■■■■■

伝えたい思いにあふれていても、言葉の獲得途上にある子どもには、その思いを言葉だけで表現することは難しいことです。子どもの言葉に丁寧に耳を傾け、受け止めたり、問い掛け、応えたりしながら、共に1つの話を作り上げていく保育者の援助が必要になります。

具体的には、まずは子どもと1対1の関係の中で、保育者が断片的な子どもの言葉から、子どもの伝えたいことを読み取ります。そして、短い言葉で補ったり、先を促したりしながら話をつないでいきます。そうすることで、子どもは自分の話したことが伝わった喜びを感じます。『せんせいに、はしてよかった！』『はなすのって、たのしいな！』と思うようになります。

保育者が自分の思いや経験を的確な言葉で代弁・表現してくれれば、子ども自身にも自分の思いや経験の意味が明確になります。『せんせいにはなしたら、いいたかったことが、なんだかはっきりして、よくわかった。うれしい！　もっとはなしたい！』このように言葉で表現することの喜びが、話すことの意欲につながるのです。

2. 聞く

自分の言葉をしっかり受け止め、十分に聞いてもらう経験を重ねた子どもは、人の言葉にも耳を傾けるようになります。しかし、聞くことは容易なことではありません。特に子どもにとって、信頼関係を築いていない人の話や興味のもてない話は聞きにくいし、人数が多い場所での話も耳に入りにくいものです。少数の親しい人との間で、自分の興味がある話であれば聞くことができる。これが子どもの姿でしょう。

絵本の読み聞かせを聞く

一方で、子どもたちが集中し、楽しんで話を聞く活動もあります。その良い例が、絵本の読み聞かせです。なぜ、子どもたちは絵本を集中して聞くのでしょう。子どもを引きつける絵本の魅力を考えてみましょう。

絵本には、絵があり、子どもたちが注意を向ける対象があります。また、物語絵本であれば、登場人物がいて、クライマックスがあります。子どもたちは主人公になりきって、ドキドキ、ハラハラ、物語を体験します。

さらに、絵本には、始まりと終わりが明確にあります。どんな絵本も表紙を開き、ページをめくっていきます。ページをめくれば場面が変わり、展開があり、終わりがあります。絵本の読み聞かせは、1つの話を聞き通し、「おしまい」と聞き終えた達成感を味わうことができる経験です。だらだらと続く、終わりの見えない話は、大人でも聞きづらいものです。

▲ 戸外での絵本の読み聞かせ（幼稚園 4歳児）

友達同士で聞き合う

生活や遊びの中に目を向けると、子どもたちが友達とのやり取りの中で互いに聞き合う姿が見られます。4歳児も後半になれば、親しい少人数の友達とであれば、友達の言葉に耳を傾けるようになります。

例えば、製作の場面では、友達が作ったものを自分も作ってみたいと、「それ、どうやってつくったの？」と尋ねる姿がよく見られます。「こうやってセロハンテープではって、ここにこうして…」と、作り方を再現してくれる友達の姿をじっと見ながら、集中して聞

く姿も見られます。保育者も「せんせい、どうやってつくるの？」と尋ねる子どもに、「Aちゃんが上手に作ってるから、Aちゃんに作り方を聞いてごらん」と促したりします。

3．伝え合う

友達同士の関係が深まると、子どもは遊びや生活の中で、心動いた経験などを『みんなにつたえたい』と思うようになります。保育者は、そうした子どもの姿を捉え、伝えたい経験や思いをほかの子どもたちに向けて伝えていく機会を設けていくことが必要です。

しかし、子どもがクラス集団の中で、自分の思いを言葉で表現したり、友達の話を聞いたりすることは容易なことではありません。そこには2つの難しさがあります。大勢の人の前で話す難しさと相手の話を聞いて自分の考えや思いを話すことの難しさです。

クラスのみんなに話す

そもそも大勢の人に届くような大きな声を出すことが、簡単なことではありません。大人であっても、緊張すれば声は出ません。それゆえまず、子どもたちが安心して声を出せるクラスの関係づくりが重要です。うまく表現できなくても、笑われたり、とがめられたりしない関係、人を傷つけることは無論言ってはいけませんが、何を言っても受け入れてもらえる関係が大切です。そうした関係が築かれて初めて、友達みんなに届く声が生まれます。伝わる言葉が誕生するのです。

一方で、子どもの生活や育ちの姿に応じて、友達の前で話す経験を重ねていくことも大切です。例えば、3歳新入園児が園生活に慣れた頃、当番活動を始める中でクラスみんなの前で自分の名前を言ったり、誕生会で自分の好きな食べものを発表したりする活動が挙げられます。自分の言葉を聞いてもらい、「わたしもリンゴだいすき！」などと共感してもらう。そうした喜びが、友達みんなの前で話したいという意欲につながります。

仲の良い友達と伝え合う

仲間意識が高まる4歳児頃には、少人数のグループ

での伝え合いができるようになります。グループの名前を決めるなど、思いや考えを伝え合う必要性の中で話し合いが始まります。しかし、子どもたちだけで進めることはまだ難しく、子ども一人一人の考えていることや思いを聞き取り、周りの子どもたちに伝える保育者の援助が不可欠です。子ども同士の言葉をつなぎ、共通理解を深めていく援助が必要なのです。

● **クラスみんなで伝え合う**

　少人数で伝え合う経験を重ねることで、5歳児に向けて子どもたちは、遊びや活動の振り返りなど「みんなに伝えたいこと」をクラス全体で共有したり、「みんなで考えたいこと」など共通の目的に向かって話し合う活動にも取り組めるようになります（事例1参照）。その際、保育者は、子どもたちが言葉だけで伝え合うことが難しいようであれば、実物を見せたり、体で再現したりして言葉を補い、援助していきます。

　5歳児の後半になると、それまでの保育者の援助をモデルとして、子どもたち同士で話し合いながら、クラス全体で遊びや活動を進めていく姿も見られるようになります。例えば、劇遊びの配役をめぐって、話し合いがもたれることがあります。主役は誰が演じるのか、選ぶ方法はどうするのか、「じゃんけんにしよう」、「じょうずなひとがいいから、オーディションがいい」など、考えを出し合い、役を決めていきます。また、自分たちが演じる楽しさとともに見てもらうことも意識して、どんな道具を作り、どう演じるのがよいのか、繰り返し話し合う姿も見られるようになります。

● **伝え合う言葉を考える**

　また5歳児であれば、園内の異年齢の子どもたちや地域の人たちと関わる体験を重ねる中で、同じ内容の話を伝える場合も、相手によって異なる表現を用いる必要性を感じるようになります。

　例えば、いつも園に絵本の読み聞かせに来てくださったり、野菜の栽培に力を貸してくださっている地域の方々に、感謝の気持ちを伝える会を開きたいと子どもたちが考えたとします。そうすると、「ありがとう」ではなく、「ありがとうございました」と丁寧な表現で気持ちを伝えたいと思うでしょう。

　このように、伝え合う言葉を場面や相手に応じて使い分けていくことも、子どもたちは体験を通して学んでいきます。

Ⅳ 「**言葉による伝え合い」の姿を育むために**

　「言葉による伝え合い」とは、相手の話を聞いて自分の思ったことや考えたことを言葉で表現する、それに対して、相手も自分の思いや考えを言うことです。こうした「伝え合い」は幼児期の子どもたちには容易なことではありません。発表はできても、質問や意見にまで発展させることは難しいでしょう。保育者の援助が不可欠です。

● **「言葉による伝え合い」を育む保育者の役割**

　岩田（2011）は、伝え合う言葉を育む保育者の援助として、「中継者」「交通整理者」「司会者」の3つを挙げています。まず少人数の仲間とのやり取りの中で、子ども同士の言葉をつなぎ、遊びをつなぐ「中継者」の役割。次に、仲間との間のいざこざなどで、一人一人の子どもの気持ちを確かめ、代弁・翻訳し、互いに伝え合い、双方の気持ちを考えさせる「交通整理者」の役割。そして、クラスでの話し合いにおいて、子どもたちの自立的な話し合いを方向付け、見守る「司会者」としての役割です。

● **育ちつつある姿としての「言葉による伝え合い」**

　幼児期の終わりまでに育ってほしい「言葉による伝え合い」とは、こうした保育者の援助をモデルとして、子どもたち同士の伝え合いが始まっている姿と言えます。また、言葉ならではの楽しさや言葉で表現するからこそ伝わる喜びを感じながら、人とのつながりを深め、世界を広げていこうとする姿でもあります。

引用・参考文献
無藤隆「保育の学校　第2巻　5領域編」フレーベル館、2011年
岩田純一「子どもの発達の理解から保育へ」ミネルヴァ書房、2011年
横山真貴子「幼児期に育む言葉による伝え合いの基礎」『初等教育資料8月号』
東洋館出版社、2016年、pp.88-91
横山真貴子「言葉による伝え合い」「言葉」、津金美智子・編著「平成29年度
新幼稚園教育要領　ポイント総整理　幼稚園」
東洋館出版社、2017年、pp.51-52,pp.129-134

事例 **1** ••••••••••••• **4**歳児

ミニトマト事件発生！

執筆：鎌田　大雅（奈良市立都跡こども園）

● 奈良市立都跡こども園／総園児数160名
　／全年齢各2クラス
● 事例は4歳児（1クラス＝28人）
● 3歳児50名、4歳児55名、5歳児55名

せんせい、たいへん！

　6月下旬、朝の用意を終えた子どもたちは、園庭に出て個人鉢で育てているミニトマトに水やりをします。

▲ 自分のミニトマトに水をあげる

　この日、真っ先に水やりに出たRちゃんが、慌てて保育者のところにやってきました。
　「せんせい！　たいへん！　トマト、いっぱいおちてる」
　「え？　本当に？」
　鉢のところまで一緒に走って行くと、

　「せんせい！　Yのトマトもとれておちてる」
　「ぼくのトマトはあながあいてる」
と、ほかの子どもたちも悲しそうに伝えに来ました。
　「なんで、こんなことになったんだろうね？」
その場にいる子どもたちを見回しながら問い掛けると、
　「かぜでおちたんじゃないかな」
　「きのうあめふってたから、あめやで」
　「ほんまや、きのうあめふってたもんな」
と考えたことを話します。
　「ぼくのトマトはあながあいてるから、あおむしやで」
　「じゃあ、あおむしがみんなのトマトをたべたんかな？」
と言う子どももいます。その後、そうした話を続けながら、子どもたちは好きな遊びに向かって行きました。

「ミニトマトがいっぱいおちていました」

　好きな遊びが終わり保育室に戻ってから、朝のミニトマト事件についてクラス全体で話をする時間をもちました。

▲ 事件についてクラス全員で話し合う

　みんなが大切に育てていたミニトマトです。子どもたち一人一人に自分のこととして考えてほしいと取り上げました。
　事件の発見者であるRちゃんを
　「今日の朝、あったことをみんなに話してくれる？」
と前に呼びました。

「ミニトマトがいっぱいおちていました」
とRちゃんが話し始めると、
「ぼくのもおちてた」
「ぼくのはあながあいてた」
と、ほかの子どもたちも口々に話し出しました。
「きのうのあめでおちたんやで」
「かぜもふいてたで」
と、考えたことを話す子どももいます。そうした中、
Hちゃんが、
「それ、カラスちゃうの？」
とつぶやくのを聞き、
「Hちゃん、もう1回教えて」
と言うと、
「…カラスじゃないの」
と恥ずかしそうに答えてくれました。すると、ほかの
子どもたちも、
「スズメや」
「ツバメのおうちがあるからツバメやとおもう」
などと思ったことを出し合い、鳥の仕業ではないかと
話が進んでいきました。
子どもたちの話を聞いて、
「もしカラスやスズメたちが食べてるなら、いつ食
べてるんやろうな？」
と、問い掛けると、
「よるとかちがう？」
と、答が返ってきました。続いて、
「いまもたべてるかもよ」

▲ 子どもたちそれぞれが考えたことを話す

と声が挙がり、みんなで廊下に出て、園庭の植木鉢を
確認しました。でも、何もいません。保育室に戻ると、
「ゆうがたとか、こどもたちがいなくなったときじ
ゃない？」
など、自分たちがいないときに食べられているのでは
ないかと考えを巡らす子どもも出てきました。
そうした様子を見て、
「誰の仕業かな？　どうやったらミニトマトを落とし
たり、食べたりしているところを見付けられるかな？」
と、問い掛けてみました。すると、
「いまからずっとみとこうよ」
「そやな、でもかえったあとはどうするの？」
「せんせい！　ぼくたちがかえったあとも、ずっと
みといてや」
と、いろいろ意見が出てきます。そこで、
「よし！　分かった！　みんなが帰った後、カメラ
で写真、撮って見とくわ」
と、子どもたちと約束し、給食の準備へと移っていき
ました。

犯人は誰？

翌朝6時頃、園庭に行ってみると、園の近くの民家
の屋根からトマトの様子をじっと見ているカラスが2、
3羽います。『やっぱり！』、思った通りと、早速、カ
ラスの様子を写真に撮りました。
その日の遊びが終わり、保育室に戻ったとき、朝撮
った写真をテレビに映しました。子どもたちは写真を
見て、
「あれ、スズメかな」
「カラスやで」
と言い合います。
「せんせい、これいつのしゃしん？」
との問い掛けに、
「朝の6時に撮った写真やねん」
と答えると、
「みんながまだいないときに、たべにきてるってこ
とやな」

と、Sくんが言い、謎が解けたのでした。

ミニトマトを守ろう！

　そうした子どもたちの様子を見ながら、
　「どうしたら、みんなのミニトマトを守ることができるかな？」
とつぶやくと、
　「せんせいがずっといてくれたらいい」
と、少し冗談っぽく、笑いながら言う子もいます。そうした中、Kくんが、
　「カラスやったら、キラキラしたものがきらいだから、キラキラしたものをおいておく？」
と言いました。それを聞いて、
　「こんなものもあるけど」
と、金と銀のテープを持って来ると、
　「それいいやん」
　「どうやってつかうのかな？」
と、子どもたちは、興味をもったようでした。
　そこで、ホワイトボードにトマトが植えられている植木鉢の絵を描き、みんなで見ながら、
　「どこに、キラキラのテープ、付けられるかな？」
と問い掛けました。
　「うえきばちにむすんでみたらどうかな？」
　「うえのヤクルトようきにつけたらいいかも」

▲ ホワイトボードに絵を描きながら、考えを出し合う

と、意見が出ます。ヤクルト容器は、支柱の先端でけがをしないように先生たちがかぶせたものです。

　「あのさ、できたトマトにカップでふたするとかも、どうかな？」
　「でも、そうしたら、トマトとれなくなるやんか」
　「あ、…そうか」
など、子どもたちでやり取りしながら、いろいろなアイディアが出てきます。

　その日の給食の後、支柱にかぶせてあるヤクルト容器に、キラキラテープを付けることになりました。容器にテープを巻き付けたり、風でなびくように長く垂らしたり、子どもたち一人一人が自分なりに考えて作っていました。

▲ キラキラテープのアイディアがそれぞれの鉢に

事例から学ぶ

　言葉による伝え合いは、伝えたいことがあり、伝えたい人がいて、初めて生まれます。この事例では、子どもたちが毎日水やりをして大切に育て、やっと赤く実ったミニトマトが、「いっぱいおちている！ どうして？」というRちゃんが受けた衝撃から始まります。

　その心の動きを保育者がしっかり受け止め、「何があったのか？」と一緒にいた数人の子どもたちと考えます。みんなが大切に育てているミニトマトの大事件です。クラスのみんなで共有しようと伝え合いが生まれます。

　事例のクラスでは、ふだんから、どんなことを言っても、受け止めてもらえる雰囲気があります。だからこそ、いろいろな言葉が生まれます。保育者は、子どもたちの言葉にしっかりと耳を傾け、「これは」と思う言葉を拾います。問い掛け、つぶやき、拾い上げ、周囲に広げる保育者の援助がここにあります。

　幼児期の学びは、生活や遊びの中に生まれます。形式的に遊びの後に振り返りの伝え合いをするのではなく、子どもの心が動いた瞬間を捉え、小さな声を拾い上げ、子どもたちにとって伝えたい、聞きたい、必然性のある伝え合いを重ねていきたいものです。

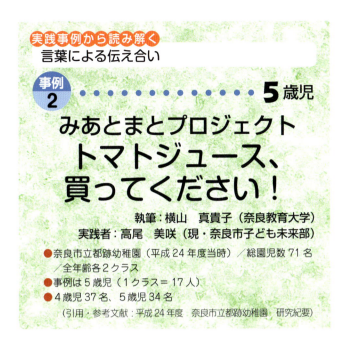

執筆：横山　真貴子（奈良教育大学）
実践者：高尾　美咲（現・奈良市子ども未来部）
- 奈良市立都跡幼稚園（平成24年度当時）／総園児数71名／全年齢各2クラス
- 事例は5歳児（1クラス＝17人）
- 4歳児37名、5歳児34名

（引用・参考文献：平成24年度　奈良市立都跡幼稚園　研究紀要）

どうやったら、たくさん売れる？

　園で栽培したトマトでジュースを作り、地域のお祭りで販売することになりました。『たくさんうりたい』という子どもたちの思いを共通の目的にして、「どうやったら、いっぱい、かってもらえるか」、話し合いを重ねた事例です。

名前を付けよう！

　完成したトマトジュースの瓶（びん）にはラベルがありません。保育者が、ラベルが貼ってある市販のジュースと見比べながら、「どうしよう、名前が付いていない」と困った表情をしています。話し合いの始まりです。すぐに「なまえをつけて、はればいいよ」と声が挙がります。それを受けて「なまえをつけよう」、「"めちゃうまジュース"にしよう。おいしかったから」、「"おいしい"ってかいておかないと、おいしいかどうか、わからないよ」、「"みあと"ってかいておかないと、ようちえんでつくったことがわからない」、「じゃ、"おいしい　みあとまとジュース"にしよう」と名前が決まりました。

　名前が決まると、ラベルを作って貼ることになりました。「トマトのえをかいたら、わかりやすい」、「い

っぱいジュースがあるから、いっぱいかこう」と、子どもたちはラベル作りに精を出します。

たくさん売るために…工夫のいろいろ

　さらに「どんなおみせにしたい？」「どうしたらよくうれるかな？」と話し合いがもたれます。「おかあさんは、しんぶんのチラシをみてかいものするよ」という意見を受け、「じゃあ、みんなでチラシをつくろう」、「チラシに"おいしい"とかいておかないと、おいしいかどうかわからないよ」、「"これをのむとうつくしくなる"とかいておくとうれるよ」、「"おはだがつるつる"とかいておこう」、「"これをのむとげんきがでる"とかくとみんなかうよ」と、子どもたちから次々といろいろな言葉が出てきます。

　一方で、「かんばんもつくろう」と看板作りも始まります。保育者は四角い紙を準備しますが、子どもたちからは「トマトのかたちにしたら、とおくからでもみえる」、「ぼうをつけてたかくして、よくみえるようにしよう」といろいろなアイディアが出てきます。「ちょっとのんでもらいたいをしたい」と試飲を提案する子どもも出てきました。翌日には、色水遊びのジュースを紙コップに入れ、適量を何度も試し、紙コップに色水を注ぐ練習を繰り返す姿も見られました。

　販売当日には、役割を自分たちで分担し、「いらっしゃいませ」「おいしいですよ」と売る係や、売れている状況を判断して「あとすこしだよ」と、離れた場所にいるチラシ配りや試飲係に伝えに行く姿も見られました。試飲では、「いっぱいいれたらなくなる…」と入れる量を考えながら瓶から少しだけコップに注ぎ、カゴに入れて配る姿も見られました。完売すると「やったー！」と、みんなで歓声を揚げて喜び合いました。

事例から学ぶ

　この事例は、トマトの無償提供を契機に継続的に取り組まれたプロジェクト活動の一部です。子どもたちが共通の目的に向かって経験と対話を織りなしながら、次々と活動を展開していく様子が見て取れます。社会につながる本物体験は、子どもの本気を生み出します。

10.
豊かな感性と表現

岡山県立大学　保健福祉学部　保健福祉学科　教授

吉永　早苗

I 幼児期の終わりまでに育って欲しい姿「豊かな感性と表現」

　幼児期の終わりまでに育ってほしい姿の最後にある「豊かな感性と表現」には、「心を動かす出来事などに触れ感性を働かせる中で，様々な素材の特徴や表現の仕方などに気付き，感じたことや考えたことを自分で表現したり，友達同士で表現する過程を楽しんだりし，表現する喜びを味わい，意欲をもつようになる」と記されています。乳幼児期の感性と表現とは、具体的にどのような姿なのでしょう。本章では、乳幼児の具体的な姿を示しながら、幼児期の終わりまでに育ってほしい「豊かな感性と表現」と、その育ちを支える保育者の援助について考えてみたいと思います。

II 0〜1歳児の感性と表現の姿

　「感性」「表現」という言葉からは、音楽を聴いたり表現したり、作品を描いたり作ったり、あるいは身体表現したりといった活動が、まず思い浮かびます。しかしながら、乳幼児は、ごく初期から身の周りのモノ・人・現象などに好奇心を抱き、身体の諸感覚を通してそれらを感受し、自分なりの表現を楽しんでいます。

1．赤ちゃんは研究者

　写真の男児（1歳）は、保育者が上の方からタライに落とす水の流れを見つめています（写真1）。真剣なまなざしです。日ざしを受け、キラキラと光る水の流れ。「ぼくが浸かっているタライの水と同じなの？」と自問しているようでもあります。隣の女児は、その光の雫を触りたくて仕方ない様子。じっと見入っていた男児も、しばらくして手を差し出しました。感性は、しみじみと実感したり自ら働き掛けたりすることにより、豊かになっていくのですね。

▲光の雫に手を伸ばす＝豊かな感性の芽生え（写真1）

2．会話する赤ちゃん

　写真は、沐浴中の赤ちゃんです（写真2）。お湯に浸かる気持ち良さはもちろんですが、この表情は、保育者の語り掛けへの応答にほかなりません。日本語の音声における感情表現の発達について、2か月齢児の乳児音声に、「快」と「不快」、「平静」と「驚き」、「話」と「歌」を区別している情報が聴き取れる[注1]ことや、6か月齢児が言語の音声に感情性の情報を交えて発声できる[注2]こと、あるいは、乳児の発する「快・不快」の音声がそれぞれどんな感情を表しているか判断させる課題において、2歳児が、成人とほぼ同様の判断を

行う傾向を示す注3ことなどが明らかとなっています。赤ちゃんは、保育者の顔や音声の表情を感受し、その抑揚から言葉を獲得するとともに感情の表現を学んでいるのです。

▲ 感情の表現を学ぶ＝赤ちゃんからの応答（写真2）

3. 音環境への配慮
～豊かな感性と表現のために

赤ちゃんの耳はよく聞こえています。静かな環境での純音の聴取は、1歳までに成人並みになると言われています。しかしながら、例えば、聴きたい音があれば雑踏の中でもそれだけを取り出すことができる（カクテルパーティー効果）といった、大人にとってはごく自然な選択的聴取のスキルについては、まだ備わっていません。したがって、微細な音や声の表情が伝わるような静かな環境が必要なのです。保育室では、「赤ちゃんの耳はどこにあるかな？」と問うてみることが大切でしょう。

▼ 豊かな感性と表現のための環境構成の工夫とは（写真3）

左下の写真は、都内の私立保育園の乳児室です（写真3）。なめらかな天蓋が、光を和らげます。でも、それだけではありません。この保育園では、この天蓋に色とりどりのビー玉を入れ、下からスポットライトで照らすそうなのです。仰向けに寝ている赤ちゃんに届く、瞬く星のような輝きの世界。自分ではまだ自由に動くことのできない赤ちゃんにも、感性的な出会いの豊かな環境をつくってあげたいですね。

Ⅲ 幼児期の感性と表現の姿

1.「感じる・考える・表現する」 ：表現の生成のプロセス

表現は、感じたり、気付いたり、感情を抱いたりしたことを基に、考え、想像したり、イメージしたりして生まれ出るのではないでしょうか。もちろん、何らかのきっかけによって思わず表出することが表現につながる場合もあるでしょう。いずれの場合も、そうして生まれた表現から、さらに「感じる」、「考える」過程を経て表現は磨かれ、発展していくのです。このような循環の中で、子どもは集中し没頭して、主体的に表現活動を楽しむことができるのではないでしょうか。そして、乳幼児の表現する姿にこのプロセスを重ねてみることで、子ども理解がより深まると思います。

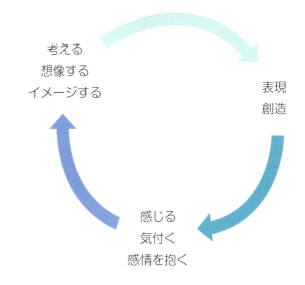

考える
想像する
イメージする

表現
創造

感じる
気付く
感情を抱く

2. 音の軌跡を見る
：諸感覚で捉える感性の世界

　幼稚園の遊戯室に集まってきた幼児（3歳〜5歳）に1つずつトーンチャイム（写真4）を渡し、輪になって音をつなぐコミュニケーションゲームをしていました。一人が、誰かに向かって音を投げ掛けるように鳴らし、音を受け取ったら次の人へと鳴らしていくゲームです。

　しばらくして、5歳児が真向いの3歳児に向けて、ポ〜ンと弧を描くようなポーズで音を発しました。このとき、その3歳児は音を投げ返すことをせずに、空中を仰ぎその音を見送るかのように後ろを向いたのです。3歳児には、音の軌跡が見えていたのでしょうか。

　身体の諸感覚で捉える子どもの感性の世界、それに気付くことによって、保育者の感性も豊かになりそうです。

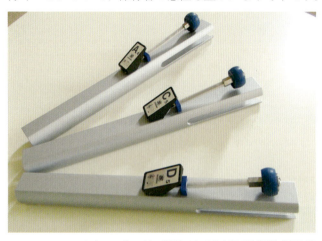

▲ トーンチャイム（振ることで音を奏でる楽器）（写真4）

3. 感性・表現、感情の育ち

　「おとなにてつだってもらわない」、
　「ものをもってのぼらない」、
　「ゆうぐのうえでふざけない」、
　「ゆうぐのうえでけんかをしない」、
　手作りの屋根登り遊具には、ひらがなでこのようなルールが書いてあります。タタタタッと軽やかに登りきる子ども、頂上からつるされたロープまで何とかたどり着く子ども、まだまだコツがつかめず途中から滑

り落ちる子ども、登りたい気持ちはあるけれどちょっと怖くてたたずんでいる子ども…いろいろな子どもの姿がそこにあります。そして、素直な感情表現の場にもなっています。喜び、達成感、悔しさなど、目に見える姿の何倍もの感情の動きがあります。絶望感もあるかもしれません。大人が手伝うのではなく、なりたい姿がそこにあって、そのために自分で考え、友達の姿から学ぶことで、集中・没頭が生まれているのです。さらに、コツを伝えたり、励まし喜び合ったりする中で、思いやりや共感の心が育ちます（写真5）。

　幼稚園教育要領で示されている5領域は、有機的につながっています。したがって、豊かな感性と表現は、領域「表現」だけでなく、幼児の生活・遊びの全てにおいてその育ちを見ていくことが大切です。

▲ なりたい姿に向かって様々な感情が育つ
　5つのどの領域にも関わること（写真5）

4. 音楽、感じていますか？

　例えば音楽活動。楽器を鳴らす前に「こんな音が欲しい」とイメージしたり、「こんな気持ちで歌いたい」と考えたりすることがありますか？　もちろん、主語は「子ども」です。整列し、複数で同じ楽器を合図に合わせて鳴らす発表会、あるいは、身近な楽器をガチ

ャガチャ鳴らすだけの楽器遊び、首に青筋を立てて大きな声で呪文のように歌う合唱。こうした音楽表現を見ることは、少なくありません。

音楽が聞こえると自然に身体が動いたり、つくり歌を口ずさんだり、身の回りのモノをたたいてリズムを感じたり…。これが、子どもの自然な音楽表現の姿です。美しい音楽を聴いてため息を漏らしたり、その演奏の姿をまねしてみたりするのもまた、子どもの自然な表現の姿です。

せっかくの楽しい音楽活動を、指示通りに動かすものにしない。せっかくの美しい音楽を、騒音にしてしまわない。そのために必要なことは、保育者自身が楽しむこと。子どもの「感じる・考える・表現する」のプロセスを大切にすること。保育者もまた、感じて、考えて、表現することです。
（写真6）

▲ 指示通り動かしていませんか？
「感じる・考える・表現する」のプロセスを
子どもたちとともに大切にしていきましょう
（写真6）

Ⅳ 豊かな感性と表現の育ちのために

園庭に、大きな一本の樹があるとします。その周りで、子どもは何を感受し、どんな遊びを展開するでしょうか。風の音は聴く場所によって違うでしょうし、日陰と日なたでは手や背中に感じる温度も異なります。木漏れ日が揺れるのを、不思議に眺めているかもしれません。木登りしたり、かくれんぼしたり、落ち葉で

ままごとをしたり。

先日訪れたこども園では、2枚の同じ絵を見付けて遊ぶカードが置いてありました。「2枚を合わせるのではなくてね、こうやって、交互に並べていたんですよ」と、1歳児の気付きをうれしそうに話してくれる保育者。こうした何げない作品にハッと心を留め、子どもの感性に共感する。恐らく、保育者の気持ちのゆとりが、こうしたささやかだけれど大切な気付きを導くのではないでしょうか。

子どもがそこで何を感じ、何に気付き、どんな連想をしているのかと考える。あるいは、子どもの表現から、それに至るまでの過程を読み取ってみる。そうした子ども理解が、「豊かな感性と表現」を育むのです。
（写真7）

▲ 子どもの表現からそれに至る過程を読み取る
（写真7）

注1：志村洋子・今泉敏・山室千晶
　　　幼児による乳幼児音声の感情性情報の聴取特性
　　　発達心理学研究　第13巻第1号 2002 pp.1-11.
注2：志村洋子・今泉敏
　　　生後2ヵ月の乳児の音声における非言語情報
　　　音声言語医学　第36巻第3号 1995 pp.365-371.
注3：櫻庭恭子・今泉敏・筧和彦
　　　音声による感情表現の発達的検討
　　　音声言語医学 第43巻第1号 2002 pp.1-8.

事例 **1** ●●●●●●●●●●●●●●● **5**歳児

表現を育てる・表現で育つ
発表会へのチャレンジ

執筆：虫明　淑子・太田　雅子・冨谷　知子・村木　真理子
（岡山県・学校法人　虫明学園・中仙道幼稚園　教諭）

● 園児数 233名（3歳児 73名、4歳児 80名、5歳児 80名）
● 近くに商業施設や病院があり、子育て世帯が増えている地域
● 教育目標＝明るく元気で素直なたくましい子ども

1. 保育者主導のコンサートを見直す

　5歳児は毎年の夏休み、地域で行われる星空サマーコンサートに出演しています。その発表に向けて、6月の半ばになると、保育者が選曲した曲で合唱と合奏の練習に例年取り組んできました。内容も保育者が決定、そして、出演のための練習を保育者主導で行っていたのです。しかし今年度は、このコンサートに向けての内容や取り組みについて見直すことにしたのです。子どもが「感じる・考える・工夫する」という、表現の過程を大切にしようと。

　まず、星空サマーコンサートがどのようなイベントであるかを伝え、初めての園外ステージで、どんなことをしてみたいか子どもに投げ掛けてみました。すると、“歌を歌いたい”“踊りを踊りたい”“楽器で演奏がしたい”“縄跳びを見せたい”などの声。昨年度の発表会での体験が挙がります。そこで、「どんな歌や踊りがいいかな？」「どんな楽器を使いたい？」と問い掛けてみますと、「ほしぞらサマーコンサートだから、ほしのうたがいいんじゃない？」「きらきらぼしは？」「ほしのステッキをもっておどったら？」「でんきをつけてほしがキラキラひかっているみたいにしたら」など、活発な対話が交わされ、そのイメージの広がりは保育者の予想をはるかに超えるものでした（写真1）。

積極的に話し合い▶
イメージを広げよう
（写真1）

2. 協同する

　数日後、星にちなんだ歌『星がルンラン』（村田さち子作詞・藤家虹二作曲）を子どもに提案してみました。お花、お菓子、おもちゃがいっぱいの夢の国に、お星様が連れて行ってくれるというお話が描かれています。歌うことで子どもの連想はどんどん広がり、この歌のお話を発展させることに。そうなると、子どもの方から、配役や背景など、準備したいものがどんどん挙げられます。

　「ワンピースみたいなふく」、「ポリぶくろでいい」という女児に、カラーポリ袋を渡したところ、「どこをきったらいいかなぁ」と悩むA子に、「ここをきったらいいんじゃない？」とB子が答えます。頭が出るところを切ろうとするのですが、なかなか思うようにできません。すると、「りょうほうからひっぱったらきりやすいかも」とC子。B子とC子が両サイドからポリ袋を引っ張ることで、上手にハサミを入れることができました。すると、「てをだすところもいるよね」とD子が思い付き、「そしたら、ここをきればいいんじゃない？」とB子がアイディアを出します（写真2）。

話し合い▶
試行錯誤しつつ
表現していく
（写真2）

　これまでに作ったポリ袋製の服は、スカートだけ。でも、今回はワンピースを作りたい。そのためには、1枚のポリ袋から頭も手も出さなければなりません。ドキドキしながらハサミを入れたポリ袋。切ってみたので着てみたところ…、頭の部分が大きすぎて、ちょっとカッコ悪い。すると、2人の女児が後ろをテープで貼り合わせることを思い付きました。作り方が分かった女児たち

は、次々とワンピースを製作します（写真3）。

たまたまできた切れ端も「これハートのかたちになってる！」と、ワンピースの飾りに。ほかの切れ端は帽子に変身していました。

▲ 協同し、イメージを共有して… （写真3）

3. 聴く・感じる・考える、そして表現する

「お花の国」「お菓子の国」「おもちゃの国」のテーマソングとして、『おはながわらった』（保富庚午・作詞／湯山昭・作曲）、『ふしぎなポケット』（まどみちお・作詞／渡辺茂・作曲）、『おもちゃのチャチャチャ』（野坂昭如・作詞／越部信義・作曲）が選ばれました。子どもたちは、言葉からの連想や、メロディーの音の動きとリズムのイメージから、それぞれの振り付けを考えました（写真4）。ほかのグループの動きにも、「『タ〜ララララン』のところは、くるっとかいてんしたらいい」などと提案する子どもも見られました。みんなで同じ動きをして表現することを楽しむだけでなく、みんなの動きがピッタリ合った瞬間を捉えて「やったぁ！」と、音が揃うことの面白さも感じるようになりました。

◀ 子どもたちで振り付けを考えた（写真4）

「お花」「お菓子」「おもちゃ」の妖精の登場場面には、チャイコフスキー『くるみ割り人形』から、『花のワルツ』『こんぺい糖の踊り』『行進曲』を用いました。子どもは、おとぎ話の中に引き込まれるかのように聴き入り、それぞれの動きを表現します。

『行進曲』に合わせ、得意そうに登場するおもちゃの妖精たち。その様子に、「おもちゃのロボットみたいにあるいてきたらいとおもう」とE子。「ロボットってどんなふうに？」と問うF男に、E子は手足をぎこちなく左右バラバラに動かし、みんなの前でロボットを表現して見せました。「おもしろい！Eちゃんじょうず！」「すごい！」「うごきかたがロボットにそっくりだった」など次々に声が挙がります。おもちゃの妖精役の男児たちは、試したり工夫したり。音楽を聴きながら、ロボットの表現に連日夢中になりました。

ふだんは引っ込み思案なE子の表現に、保育者も保護者も驚いたエピソードです。自分の提案が受け入れられたことは、彼女にとって大きな自信となったことでしょう。また、お互いの動きを見て「もっとこうすればいいんじゃない？」という子どもの発言が増え、協同性の高まり、創意工夫の深まりを実感しました。

4. 自分たちの表現

こうして迎えた本番の日。グループごと、自発的に「エイエイオー」と士気を高めている子どもの姿を見て驚きました（写真5）。自分たちが作ってきた表現への愛着の表れなのかもしれません。家に帰ってからも、その日の活動を話す子どもが多くいたそうです。

▼ 自発的に「エイエイオー」（写真5）

初めの頃は、どのように仕上がっていくのだろうか、と不安も多くありました。しかし、子どもの思いを活かして共に考えていくことで、受け身ではなく、自分達で作り上げていくことを楽しむ子どもの姿が見られました。「おもしろい」「やった！できた」といった思いを、子どもと保育者が共有する。それは、今までの星空サマーコンサートでの取り組みでは見られなかったことです（写真6）。

▲ 子どもたちによるコンサートに（写真6）

事例から学ぶ

　遊びや生活を豊かにする行事。学びにつながる行事。音楽発表会も同様です。音楽表現というと、大人（保護者や観客）の耳を強く意識し、子どもの思いよりも音楽を仕上げること、「見せる」ことに意識が向いてしまい、保育者主導の練習に時間を費やしてしまうことが少なくありません。

　事例にあるチャレンジには、音楽を感じて動きを工夫する、ピッタリ合った音や動きの瞬間を喜ぶ、歌詞からお話を発展させたり衣装や風景を連想したりするなどの感性に加え、友達の表現に共感し、お互いに良くしていこうとする気持ち、協力して表現することの充実感など、「豊かな感性と表現」の多様な育ちが見て取れます。子どもの「感じる・考える」プロセスと、子どもの「表現したい気持ち」を大切にするという意識の転換は、本来あるべき子どもの表現する姿に立ち戻ったものです。そうすることで、「おもしろい」「や

った！できた」といった思いを、子どもとともに保育者も強く実感しています。

　筆者は、昨年度からこの幼稚園での音楽表現活動に関わっていますが、この取り組みの前後における保育者の発言に、大きな変化がありました。昨年度の発表会に際しては、「どう歌わせたらいいか」「このリズムはこれでいいか」「音の重なりをどうしたらいいか」…といった、技術・指導方法に関する質問内容ばかり寄せられ、その表情は硬く緊張しているように見えました。しかしながらこの取り組みの際には、「子どもが、こんなことに気付いたんです」「子どもが、こんなお話を作ったんです」「子どもが、こんな小道具を作ったんです」…と、子どもが何に気付き、何を表現しようとしたかといった内容を、毎回、うれしそうに話してくれました。子どもの「感じる・考える」を大切にするという発想により、子どもの表現の有り様は大きく変化しました。そのことは、子どもと保育者自身が共に考えることを楽しめるという、理想的な循環を生み出すのです。

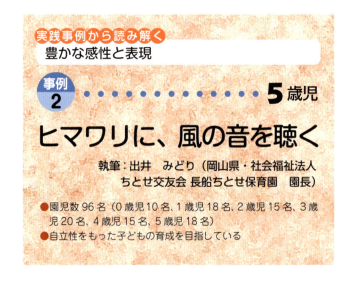

実践事例から読み解く
豊かな感性と表現

事例 2 ●●●●●●●●● **5歳児**

ヒマワリに、風の音を聴く

執筆：出井　みどり（岡山県・社会福祉法人ちとせ交友会 長船ちとせ保育園　園長）

● 園児数 96 名（0 歳児 10 名、1 歳児 18 名、2 歳児 15 名、3 歳児 20 名、4 歳児 15 名、5 歳児 18 名）
● 自立性をもった子どもの育成を目指している

　大学の先生に「音探し」の話を伺い、すぐに 18 人の 5 歳児と実践してみました。『かぜ』の絵本（オルセン作）を半分読んで、「この部屋で、どんな音が聞こえる？」と問い掛けてみますと、「ゴーっておとが

きこえる」、「せんせいのこえ！」、「スースーっておとがしてる」などなどの予想外の反応の良さに驚きました。続いて、「好きな場所に行って音探しをしよう」と伝えると…。テラスを走り回ったり、おしゃべりしたり。初めての「音探し」は、とても楽しそう。 風の音は、「ゴーゴー」、「ビューン ビューン」。道路の工事の音が、「ガタガタ」、「ピッツ ピッツ」。幾つもの音が、擬音で紹介されました。

◀床に耳を当てて
　音をとらえる
　（写真7）

ヒマワリに耳を寄せる

その日から毎日のように、「えんちょうせんせい、おとさがししないの？」、「また、おとさがししようよ」。どうやら、音探しが気に入った様子です。

グループで部屋の壁に耳を当てていたり、園庭に出て音を探したり。「音探し」は、遊びのちょっとした流行になっていました。そんな中、「ひまわりのところで、かぜのおとがする！」と、大発見！ 葉っぱに耳を近づけると、そこに音が聞こえたと教えてくれました。

数日後、絵本の続きを読んで2回目の「音探し」。実は、1回目の実践の際に、「わたし、おとがきこえなかった」と呟く女児が1人いたのです。でもこの日、「へやのなかで、スースーっておとがきこえた」と笑顔で話してくれました。

いろいろな場所に▶
耳を当てて
（写真8）

壁や床の音を聴く

3回目の実践では、保育室の床や壁、ホールの床、階段の壁、テラスなど、子どもはいろいろな場所に耳を当てて音をとらえていました。

そして、探した音の発表会。ホールでは、「ゴーゴー」、「ボー」、「コロコロコロ」、「シャリン」、「ドドド」、「カタコト」。テラスでは、「ゴーゴー」、「ドンドン」、「ホーホー」と、多様な擬音が披露されました。子どもの気付きによって、保育者にも音のインプットが増えました。この体験を、次は「音づくり」につなげていきたいと思っています（写真7・8・9）。

◀探した音の
　発表会
　（写真9）

事例から学ぶ

ヒマワリに耳を寄せる行為、感性と表現の素敵な循環です。「聴く」ことが面白ければ、それは遊びになります。聴いた音を擬音で表そうとすると、忠実な音（オン）を探すために、さらに耳を研ぎ澄まして音の観察をします。壁や床に耳をくっつけてみると、そこにはふだん聞こえない音の世界が存在します。物を落とした音や歩く音、ドアを閉める音が、赤ちゃんにどのように聞こえているかと考えるきっかけにもなりそうですね。

11. 乳児保育

こども教育宝仙大学　こども教育学部　准教授
齊藤　多江子

Ⅰ 乳児・１歳以上３歳未満児の保育の重要性

　世界的に乳幼児期の教育を重視する動きが高まってきたことは、最終章でも指摘しているところです。保育所保育指針の改定をめぐる議論の中においても、社会情動的スキル・非認知的能力が乳児期から発達し、大人になってからの生活においても影響があるという研究成果を鑑み、３歳未満児の保育に関わる記載を充実することの必要性が指摘されました。

Ⅱ 乳児・１歳以上３歳未満児の保育の内容

　保育所保育指針における乳児保育の「ねらい」及び「内容」は、この時期の発達の特徴を踏まえ、
身体的発達に関する視点「健やかに伸び伸びと育つ」
社会的発達に関する視点「身近な人と気持ちが通じ合う」
精神的発達に関する視点「身近なものと関わり感性が育つ」
の３つの視点が導き出されました。
「健やかに伸び伸びと育つ」という視点は主に「健康」、「身近な人と気持ちが通じ合う」は主に「言葉」「人間関係」、「身近なものと関わり感性が育つ」は主に「表現」「環境」の領域で示している保育内容との連続性も意識されています。特に、乳児の保育は、「生命の保持」・「情緒の安定」という養護に関わるねらい及び内容を基盤にしながら、これら３つの視点を意識して保育が営まれること（養護及び教育の一体性）が重要です（図１）。

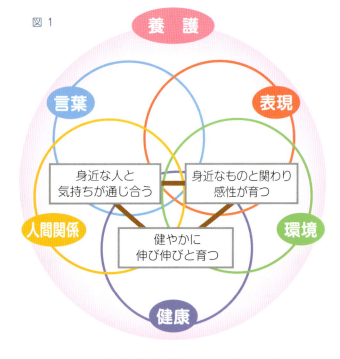

図１

身近な人と気持ちが通じ合う

身近なものと関わり感性が育つ

健やかに伸び伸びと育つ

養護　言葉　表現　人間関係　環境　健康

生活や遊びを通して、子どもたちの
身体的・社会的・精神的発達の基盤を培う

　この３つの視点を、最終章において、
「自分（特に体）との関わり」
「人（特に身近な大人）との関わり」
「もの（身近な）との関わり」
と表現し、これが１歳以上３歳未満児の保育における５領域へと発展することを記しています。
　本章では、「自分」、「人」、「もの」との関わりという３つの視点から子どもの発達を捉え、乳児・１歳以上３歳未満児の保育の内容との関連について考えていきたいと思います（図２）。

図2

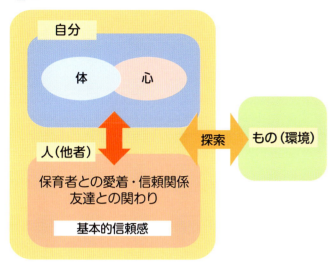

1. 自分（特に体）との関わり ：「健やかに伸び伸びと育つ」

　体を動かすこと（運動）は、全身の移動や姿勢に関わるもの（全身運動）と、手の働きに関わるもの（手指の操作）に分けて考えることができます。全身運動の発達は「頭部から尾部へ」と言われるように、首が据わり、寝返りができるようになると、座れるようになり、1歳頃には一人で立って、歩くことができるようになります。このような過程には、はう、歩くなどの自分の力で移動することと、座る、立つなど立位の保持という2つの側面が関係しています。手先の操作の発達は「中心から末梢尾部へ」と言われるように、最初は手のひらで握っていたのが、指でつかめるようになり、二本指でつまむことができるようになります。

　そして、このような運動（動き）ができるようになるためには、その前の段階での運動（動き）を十分にしていることが必要になります。また、このような運動（動き）は、子どもの主体的活動である遊びの中で生じます。子どもが伸び伸びと存分に体を動かす中で、体を動かすことの心地良さや楽しさを感じられることが重要です。そのため、発達・発育に応じて、体の動きを引き出す環境を構成し、体を動かす機会や空間を十分に確保することが必要になります。保育者が環境を整え、体を動かす意欲が高まるような働き掛けをすることによって、子どもが楽しみながら様々な動きを獲得していくことが大切です。

　保育所保育指針の保育の内容（第2章）を見てみると、乳児保育に関わる視点「健やかに伸び伸びと育つ」には、「健康な心と体を育て、自ら健康で安全な生活をつくり出す力の基盤を培う」と示されています。また、1歳以上3歳未満児に関わる領域「健康」にも同様のことが示されています。しかし、その内容には、発展がみられます。体を動かすことの楽しさとともに、心地良さや生活のリズムを感じること（乳児）から、同じ動きを繰り返し楽しみ、自ら体を動かそうとする意欲が高まるとともに、日々の習慣の意味に気付き、自分のことをやろうとする姿（1歳以上3歳未満児）へと、発達的な発展が示されています。そして、このような子どもの発達は、保育士・保育教諭等との気持ちの触れ合いや応答的な環境の中で、気持ちが受容される経験が基盤になっています。

2. 人（特に身近な大人）との関わり ：「身近な人と気持ちが通じ合う」

　養育者は、乳児が泣き出せば顔をのぞき込んで言葉を掛けたり、抱き上げて心地良く揺らしたりというように、不快な状態や欲求をキャッチし、それに応えようとします。このようなやり取りの積み重ねによって、乳児は特定の大人が自分にとって特別な存在であることを理解し、心の絆を形成するようになります。このような特定の他者との信頼関係のことを、愛着（アタッチメント）と呼びます。愛着関係は、複数の人物と同時に発達することが可能であり、乳児にとって身近な大人である保育者も含まれます。特定の人物との間に安定した関係が成立すると、その関係を基盤にして、能動的に人との関わりを広げ、自らの感情や行動を調節し、自分自身の世界を広げていこうとするようになると考えられています。

　保育所保育指針の保育の内容（第2章）を見てみると、

乳児保育に関わる視点「身近な人と気持ちが通じ合う」には、「受容的・応答的な関わりの下で、何かを伝えようとする意欲や身近な大人との信頼関係を育て、人と関わる力の基盤を培う」と示されています。受容的というのは、思いや欲求などをありのままに受け止める関わりのことであり、応答的というのは、声や表情、動きなどから子どもの欲求・要求を読み取り、タイミング良く応える関わりを指します。そして、この視点は、1歳以上3歳未満児における「人間関係」と「言葉」の2つの領域と主に関連しており、内容に連続性をもたせています。

　1歳以上3歳未満児の保育における領域「人間関係」では、「他の人々と親しみ、支え合って生活するために、自立心を育て、人と関わる力を養う」と示されています。安心できる関係の下、保育士等と気持ちを通わせる中で、自分が愛されている実感をもつこと（乳児）から、同年代の子ども等の周囲の人と自ら関わろうとしたり、自分なりに考えてやってみようとするなど園生活を主体的に楽しむ中で、他者が自分とは異なる思いや感情をもつことやきまりの大切さに気付く姿（1歳以上3歳未満児）へと、発達的な発展が示されています。

　また、同様に領域「言葉」では、「経験したことや考えたことなどを自分なりの言葉で表現し、相手の話す言葉を聞こうとする意欲や態度を育て、言葉に対する感覚や言葉で表現する力を養う」と示されています。自分の思いや欲求を声や喃語、動きなどで伝えようとしたり、言葉などにより応答的に関わる保育士等とのやり取りを楽しむ姿（乳児）から、簡単な言葉に親しみをもち、信頼する保育士等に言葉を用いて自分の思いを伝えようとしたり、生活や遊びの中で保育者や仲間等と言葉のやり取りを楽しむ姿（1歳以上3歳未満児）へと、発達的な発展が示されています。

3. もの（身近な）との関わり
　　：「身近なものと関わり感性が育つ」

　生後5か月頃になると、手を伸ばしてものをつかもうとする姿（リーチング）が見られるようになります。

このリーチングは、自分の力で周囲のものとの関わりが可能になったことを意味する行動でもあります。ものとの関わりは、つかんだものを目で見たり、口へ入れたりする行動から、手先の操作の発達に伴い、引っぱり出したり、容器に入れたり、重ねたりと、夢中になって試行錯誤をする姿が見られるようになり、ものに対する探究心が高まります。このような過程を経て、ものを見立てたり、ものとものを組み合わせたり、ものの性質の違いを確かめる姿も見られるようになります。このような一連の行動は、探索行動（探索活動）と言われるものです。探索行動は、子どもの能動的・主体的な行動であり、子ども自身の探究心が原動力になっています。また、探索行動を通して、見立て行動に象徴されるイメージを膨らませたり、ものから受ける刺激を通して感性（心の動き）が育まれたり、また言葉などを使って表現しようとする姿につながると言われています。

　保育所保育指針の保育の内容（第2章）を見てみると、乳児保育に関わる視点「身近なものと関わり感性が育つ」には、「身近な環境に興味や好奇心をもって関わり、感じたことや考えたことを表現する力の基盤を培う」と示されています。そして、この視点は、1歳以上3歳未満児における「環境」と「表現」の2つの領域と主に関連しており、内容に連続性をもたせています。

　1歳以上3歳未満児の保育における領域「環境」では、「周囲の様々な環境に好奇心や探究心をもって関わり、それらを生活に取り入れていこうとする力を養う」と示されています。周囲の環境に興味をもち、自分から関わろうとする中でものに関わる喜びを感じ、試行錯誤をする姿（乳児）から、ものとの関わりを楽しみ試行錯誤することを通して、ものの性質や仕組みに気付いたり、「自分のもの」という意識や場所に親しみをもつ姿（1歳以上3歳未満児）へと、発達的な発展が示されています。

　また、同様に領域「表現」では、「感じたことや考えたことを自分なりに表現することを通して、豊かな感性や表現する力を養い、創造性を豊かにする」と示されています。様々なものに触れ、感覚を働かせたり、

表情や手足、体を動かすことを楽しむ姿（乳児）から、様々な感覚を働かせ、ものの性質や特徴を捉えたり、イメージを膨らませ、自分なりに表現することを楽しむ姿（1歳以上3歳未満児））へと、発達的な発展が示されています。

へ、そして、3歳以上児の保育における5領域へと連続し、発達的に発展していきます。したがって、乳児期からの連続的な発展、内容の積み重ねが、幼児期の終わりまでに育ってほしい姿（10の姿）へとつながっていくのです。具体的には、視点「自分との関わり」は①健康な心と体に、視点「人との関わり」は②自立心、③協同性、④道徳性・規範意識の芽生え、⑤社会生活との関わりに、視点「ものとの関わり」は⑥思考力の芽生え、⑦自然との関わり・生命尊重、⑧数量や図形、標識や文字などへの関心・感覚、⑨言葉による伝え合い、⑩豊かな感性と表現につながります。

Ⅲ 3歳以上児の保育の内容への連続性

これまで記してきたように、乳児保育における3つの視点は、1歳以上3歳未満児の保育における5領域

参考 保育所保育指針より…乳児保育・1歳以上3歳未満児の保育に関わる「ねらい」 （抜粋・編集部）

第2章 保育の内容 より

1. 乳児保育に関わるねらい及び内容
（2）ねらい及び内容
ア 健やかに伸び伸びと育つ
健康な心と体を育て、自ら健康で安全な生活をつくり出す力の基盤を培う。
（ア）ねらい
① 身体感覚が育ち、快適な環境に心地よさを感じる。
② 伸び伸びと体を動かし、はう、歩くなどの運動をしようとする。
③ 食事、睡眠等の生活のリズムの感覚が芽生える。

イ 身近な人と気持ちが通じ合う
受容的・応答的な関わりの下で、何かを伝えようとする意欲や身近な大人との信頼関係を育て、人と関わる力の基盤を培う。

（ア）ねらい
① 安心できる関係の下で、身近な人と共に過ごす喜びを感じる。
② 体の動きや表情、発声等により、保育士等と気持ちを通わせようとする。
③ 身近な人と親しみ、関わりを深め、愛情や信頼感が芽生える。

ウ 身近なものと関わり感性が育つ
身近な環境に興味や好奇心をもって関わり、感じたことや考えたことを表現する力の基盤を培う。
（ア）ねらい
① 身の回りのものに親しみ、様々なものに興味や関心をもつ。
② 見る、触れる、探索するなど、身近な環境に自分から関わろうとする。
③ 身体の諸感覚による認識が豊かになり、表情や手足、体の動き等で表現する。

2. 1歳以上3歳未満児の保育に関わるねらい及び内容
（2）ねらい及び内容
ア 健康
健康な心と体を育て、自ら健康で安全な生活をつくり出す力を養う。
（ア）ねらい
① 明るく伸び伸びと生活し、自分から体を動かすこと楽しむ。
② 自分の体を十分に動かし、様々な動きをしようとする。
③ 健康、安全な生活に必要な習慣に気付き、自分でしてみようとする気持ちが育つ。

イ 人間関係
他の人々と親しみ、支え合って生活するために、自立心を育て、人と関わる力を養う。
（ア）ねらい
① 保育所での生活を楽しみ、身近な人と関わる心地よさを感じる。
② 周囲の子ども等への興味や関心が高まり、関わりをもとうとする。
③ 保育所の生活の仕方に慣れ、きまりの大切さに気付く。

ウ 環境
周囲の様々な環境に好奇心や探求心をもって関わり、それらを生活に取り入れていこうとする力を養う。
（ア）ねらい

① 身近な環境に親しみ、触れ合う中で、様々なものに興味や関心をもつ。
② 様々なものに関わる中で、発見を楽しんだり、考えたりしようとする。
③ 見る、聞く、触るなどの経験を通して、感覚の働きを豊かにする。
エ 言葉
経験したことや考えたことなどを自分なりの言葉で表現し、相手の話す言葉を聞こうとする意欲や態度を育て、言葉に対する感覚や言葉で表現する力を養う。
（ア）ねらい
① 言葉遊びや言葉で表現する楽しさを感じる。
② 人の言葉や話などを聞き、自分でも思ったことを伝えようとする。
③ 絵本や物語等に親しむとともに、言葉のやり取りを通じて身近な人と気持ちを通わせる。
オ 表現
感じたことや考えたことを自分なりに表現することを通して、豊かな感性や表現する力を養い、創造性を豊かにする。
（ア）ねらい
① 身体の諸感覚の経験を豊かにし、様々な感覚を味わう。
② 感じたことや考えたことなどを自分なりに表現しようとする。
③ 生活や遊びの様々な体験を通して、イメージや感性が豊かになる。

※「3歳以上児の保育に関するねらい及び内容」も見ておきましょう（連続性）。

事例
1 ・・・・・・・・・・・ **0**歳児（8か月）

これなんだろう

▲ 左へ右へ伝い歩き

何げないよくある光景を改めてじっくり

生後8か月のAは、ハイハイでおままごとのキッチン台に近づくと、台に手を掛けて、つかまって立ちます。コンロが2つ、シンクが1つある、比較的長さのあるキッチン台を、Aは伝い歩きをしながら、右から左へ、左から右へ移動します。

▲ つかまって立ちました

これは……　こんなのも…

その途中で、Aは、キッチン台に置いてあった、おもちゃのお菓子を見付けました。右手でつかみ、「これなんだろう」という表情で、じっくり見てみます。

その姿を見守っていた保育者は、「こんなのもあり

▲「これはなんだろう」と見ている

ます」と言葉を掛けながら、Aにお手玉を差し出します。Aは、保育者から差し出されたお手玉に興味をもち、保育者の手からお手玉をもらいます。

▲「こんなのもあります」（お手玉と…）

子どもの主体的な探索活動へ

保育者が差し出すお手玉がなくなると、Aは、1つお手玉を手に持ったまま、ハイハイして別の場所に移動しました。

▲ 安心しているからこそ
次の探索へ！

事例から学ぶ

事例から、周囲のものに興味をもち、口の中に入れたり、触ったり、いじったりする探索活動は、子どもの体の発達と密接に関係していることが分かります。

生後8か月のAは、ハイハイで移動して、キッチンの台に手を掛けてつかまり立ちをして、伝い歩きで立って移動しています。このように、子どもの体の発達、特に、姿勢の保持や移動に関わる発達は、探索活動を可能にする物理的・空間的範囲を広げ、子どもが様々なものに興味をもち、自ら環境に関わろうとする意欲を高めることにつながります。また、Aはおもちゃのお菓子を見付けると、「これなんだろう」という表情で、じっくり見ています。このような対象への行為は、ものに親しみをもち、満足感や面白さを味わう中で、自分とものとの関係にも感覚的に気付いていく、と考えられます。

保育者は、このような主体的に環境に関わる姿を見守りながらも、お手玉を差し出しています。子どもの興味や、遊びの状況に応じて、感触、形、色などの異なる玩具や素材を提案することも、子どもの主体的に環境に関わる意欲を高め、遊びを通して感覚が発達する機会につながります。このような保育者の働き掛けは、一方的なものではなく、子どもの興味や思いを受容し、応答的な関わりの中で行われることが大切です。

事例
2 ・・・・・・・・・・・・ **1・2**歳児

スイカ割り

「どうしたら スイカたべられるかな」

意図的な保育者の応答的態度

　8月のある日、保育者からの提案で「スイカ割り」をすることになりました。子どもたちも手伝って園庭に運んだ大きなスイカを、目隠しをした子どもたち一人一人が棒でたたきました。たたいた棒がスイカに当たると「ポン」といい音がします。子どもが上手にたたくことができると、保育者は、

「当たった！」

「いい音がするね」

と、子どもたちに言葉を掛けました。

▼ 棒でたたくと「ポン」と、いい音が！

　保育者も参加してたたいたスイカでしたが、少しだけひびが入った程度で、割ることができませんでした。

　保育者は、

「どうしたら割れるかな」

「このままだと食べられないな」

と、子どもたちが考えられるように言葉を掛けます。

　すると、子どもたちはスイカの周りに集まってきて、座り込みました。無言で座り込む子どもたちの姿は、どうしたらよいか、子どもなりに考えているように見えました。

▲ 子どもが考えられるような言葉掛けを

子どもたちと一緒に試行錯誤

　しばらくすると、2歳児のBが、少しだけ入っているひびに指を入れようと試みます。保育者も手伝って、指でひびをこじ開け、スイカを割ろうと試みました。ほかの子どもたちは、その様子を見守っていました。

　しばらくすると、ひびが開いて、スイカの赤い果肉が見えるようになりました。しかし、果肉は見えましたが、割れるところまでにはほど遠い状態でした。

保育者は、
子どもの思いや考えを尊重し、
▼子どもと一緒に挑戦する存在に

保育者は、
「どうしたら食べられるようになるかな」
「この間はどうしてただろう」
「何を使ったらいいかな」と、子どもが気付けるように言葉を掛けます。2歳児のBが、「ほうちょう」と伝えると、保育者も子どもと目を合わせて「ほうちょう、ね」と応答します。その後、包丁でスイカを切り、みんなでスイカを食べました。

▲包丁で分けられたスイカをおいしそうにほうばる

事例から学ぶ

　スイカ割りに挑戦した子どもたちでしたが、スイカを割ることができなかったことから、「どうしたらスイカを割ることができるのか」、保育者と一緒に考えています。3歳未満児の保育の中では、保育者は、「子どもに気付いてほしい」「子どもに考えてほしい」という意図（思い）をもたず、「給食の先生に切ってもらおうか」などと言葉を掛けてしまいそうな場面にも思えます。しかし、この事例での保育者は、「どうしたらよいか」、気付けるように言葉を掛けています。2歳児のBは、少し入ったひびに指を入れて割ることを試みました。この姿を見た保育者は、「無理だよ」「割れないんじゃない」というようなBの行為を否定する言葉は掛けず、一緒に指を入れて割ろうとします。このように、子どもの思いや考えを尊重し、子どもと一緒に挑戦する保育者の存在は、子どもが自分を受け入れてくれた、認めてくれたという思いを抱くことにつながります。子どもは、「身近な大人から受け入れられている」いう安心感があるからこそ、積極的に自己表現や自己発揮をすることができるようになるのではないかと思います。そして、周囲のものへの能動的・主体的な働き掛けの中で、様々なことに気付いたり、考えたり、試行錯誤したり、発見したりすることを楽しむ気持ちを育てることにつながるのではないかと考えられます。
　また、1歳児の子どもたちは、自分たちも一緒に「どうしたらよいのか」考え、2歳児（B）の気付きから、スイカを食べることができるようになる過程を、保育者や仲間と一緒に経験しています。年上の子どもと一緒に経験したことは、年下の子どもたちの経験にも影響すると考えられます。

12.
特別支援教育

白梅学園大学　子ども学部　子ども学科　准教授
市川　奈緒子

新たな幼稚園教育要領、保育所保育指針、幼保連携型認定こども園教育・保育要領における、障害のある子どもや外国籍の子どもなど、特別な支援を必要とする子どもに関する記載の内容を、特別支援教育という視点から解説したいと思います。

1. 特別支援教育とインクルーシブ保育
…目指すものは何か

特別支援教育は 2007 年、学校教育法に位置付けられました。その目指すところは、障害をもつ子どもをはじめとして、特別な教育支援ニーズをもつ全ての子どもたちに対する、個別のニーズに応じた教育支援です。通常学級の中にいる発達障害の傾向をもつ子どもへの対応がクローズアップされがちですが、特別な教育支援ニーズをもつ子ども全てが対象であるということを認識したいと思います。

保育の世界では、1974 年に当時の幼稚園・保育所において、統合保育が制度的にも始まりましたので、既に 40 年余りの歴史があります。そして、近年統合保育に代わって全ての子どもの異なる特徴や背景という「違い」を認め合うインクルーシブ保育が目指されつつあります。

統合保育を支える制度が、障害のある子どもに対して人を付ける加配制度が中心であったこともあって、ともすれば、健常な子どもと障害のある子どもとを分けた上で、健常な子どもを対象にした保育計画が組まれ、それに障害のある子どもを、人を付けて参加させ

る、またはその活動に入れなければ、人を付けて別の活動をするということが行われてきました（図1）。

▲ いわゆる「統合保育」のイメージ
普通の子どもの中に違う子どもがいる。
（図1）。

それに対してインクルーシブ保育は、元々それぞれが異なった存在であると考えます（図2）。

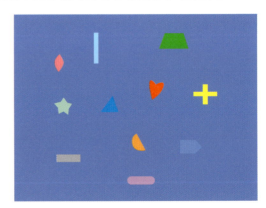

▲ インクルーシブ保育のイメージ
そもそも子どもは一人ずつ違う。その個別性こそが大切なのだ（図2）。

そして、子どもたちがそれぞれの違いを生かしながら

主体的に共に遊び、生活することを目指していくのです。

特別支援教育とインクルーシブ保育は、一人一人の支援ニーズに対応するという点で共通する理念をもっています。なお、共生社会の実現を目的として、学校におけるインクルーシブ教育システムの構築が現在目指されており、そのための一層の特別支援教育の推進が検討されています（文部科学省、2012注1）。

2. 特別支援教育の対象者は誰か

特別支援教育の対象は、障害をもつ子どもが出発点でしたが、特別な支援ニーズをもつ子どもと考えたとき、保育上、以下のような子どもの支援を考える必要があります。

(1) 発達の気になる子ども

本来どの障害でも同様なのですが、発達障害や知的障害は特に、定型発達との明確な境界線がありませんから、多くの子どもが、障害があるともないとも言い難い状態像を示します。また、乳幼児ですから、発達の可塑性（かそせい）が高く、様々な環境要因でも発達の状態が左右されます。ですから、障害の判断が難しく診断名をもっていない子どもが多くいます。そういった子どもに対しても、まず一人一人の子ども理解を保育者同士でしっかりと行い、保育の中でできるところから支援をしていくことが求められます。

(2) 海外から帰国したばかりの子ども・外国籍の子ども

今回の改訂（改定）において、幼稚園教育要領では「第1章 総則 第5 特別な配慮を必要とする幼児への指導」に、海外から帰国した幼児等日本語の習得に困難のある幼児について、そして保育所保育指針と幼保連携型認定こども園教育・保育要領では、それぞれの「第4章 子育て（の）支援」に外国籍家庭への配慮が、明記されました。その背景の1つには、在留外国人の数が漸増（ぜんぞう）していることがあります。海外から帰国したばかりの子どもと外国籍の子どもとは、日本語の習得や

周りとのコミュニケーションにおいて支援が必要だという点は共通しています。さらに、外国籍の子どもの保育においては、その家族ともコミュニケーションを取りながら、日本と異なる文化や習慣を保育者が学び、保育の中にどのように生かしたり融合させていくのかを検討する必要があります。また、家族が地域の中で孤立することのないよう、家族にとって地域とつながれるお手伝いや、家族の仲間作りのサポーターの役割が求められることもあります。

(3) 家庭が困難を抱えている子ども

虐待も家庭が困難を抱えている状態の1つであると考えられますが、家族の病気、貧困など、家庭が抱える困難には様々なものがあり、それが子どもの健康や心理状態に直接関与します。気持ちが常に不安定な子ども、大人との関係性に困難をもち、試し行動を繰り返す子どもなど、子どもはどうしようもなく、自分の中にある自責の念や怒りや不安に突き動かされます。そうした子どもの姿を受け止める保育者も大きく気持ちが揺れるものですが、こうした場合こそ、子どもにとっての安心安全な園生活や楽しい経験の確保が必要です。健康面、食事や衛生面のチェックなど含めて、園全体を挙げてケアしていくことが求められます。

(4) 複合的な要素をもつ場合が多い

子どもの行動や様子が気になる場合、保育者から、時に「これは家庭の養育の問題なのか、子どものもつ障害なのか」という疑問が出されることがあります。しかし、こうした背景要因は1つとは限りません。むしろ、子どもの発達の困難があって、それが家庭養育を難しくしている場合や、外国籍の家族が地域から孤立してしまい、生活が困難になる場合など、複合的な要素が絡むことは非常に多くあります。

3. 園内の体制作り

子どもの背景がどのようなものでも、特別支援はク

ラスの担任保育者だけが担うことではありません。柔軟で多角的な視点からの支援を考えるためにも、中心となる保育者を支えるためにも、外部の他機関との必要な連携をとっていくためにも、園内での支援体制を組むことが必要です。

今回の保育所保育指針の改定において、①障害の状態によっては指導計画にとらわれず柔軟に保育すること　②職員の連携体制の中で個別の関わりが十分行えるようにすること　③家庭との連携を密にし、保護者との相互理解を図ること　④専門機関との連携を図り、必要に応じて助言等を得ること　の4つの記載がなくなりました。

①と②の記載がなくなったことに関しては、障害のある子どもが全体の指導（保育）計画から除外されることのないようにする、つまり全体の指導計画とは、障害のある子どもを含めて作成されるべきであること、障害のある子どもへの支援は保育者がぴったり付いて1対1の対応を確保することではなく、「他の子どもとの生活を通して共に成長すること」の支援が重要であることが確認されたものであると考えられます。

また、③と④の記載がなくなったことに関しては、それぞれ家庭や専門機関との連携や保護者との相互理解が不必要とされたものでは決してありません。そうではなく、保護者との相互理解や専門機関との連携は、保護者に障害受容を促したり、不本意なまま早急に専門機関につなげていくことではなく、あくまでも「子どもの状況に応じた保育を実施し、障害をもつ子どもを抱えて苦悩する保護者を支援するため」であることを確認したいと思います。

(1) 園内委員会・ケースカンファレンス

今回の幼稚園教育要領の改訂において、個々の幼児の実態を的確に把握することと、長期的な視点での幼児への教育的支援を展望することの重要性が明記されました。的確な子ども理解と小学校以降を見通した支援のために、様々な場面で見せる子どもの姿を共有し、保育者が子どもや家族に関して気になることを共通理解しながら、園内で子どもの支援の方向と方法を定める個別の指導（保育）計画や、家庭や他機関とも支援の方向性を共有していくための個別の支援計画を作成します。こうした計画は適宜見直され、保育実践の適否が検証されていくことが必要です。

(2) 研修体制

保護者に対する支援や、様々な障害や発達の困難をもつ子どもの理解と支援、虐待対応等、保育者の専門性を広げる研修を受けて、その内容を報告し合ったり、専門家が実際の保育を見学し、子どもと保育に関する意見交換をしながら次に向けて考えていくコンサルテーションなど、保育者が相互に学び合えるような体制を組みます。

(3) 特別支援コーディネータ

特別支援教育の体制作りとして、特別支援が必要な子どもに関して、情報を収集したり、必要なミーティングを設定したり、家庭や外部機関との窓口になるなど、支援の中心を担う担当者として、特別支援コーディネータを配置することもできます。

4. 他機関との連携

地域にはどのような専門機関があり、どのような機能をもっているのでしょうか。虐待だったらここにつなぐ、というパターン的な理解ではなく、なぜつなぐことが必要なのか、そこでは何ができるのかを知っておくことが必要です。

(1) 発達支援の専門機関
：児童発達支援センター・児童発達支援事業所等

児童発達支援センターは広域対象であり、規模も大きく、専門家が多くいます。それに対して児童発達支援事業所はより身近な機関であり、保護者にとっては通いやすい面があります。また、地域の特別支援学校に幼稚部があり、相談も受け付けている、自治体独自で相談室を設けているなど、地域によって利用可能な機関は異なります。

(2) 子育て支援・虐待対応の専門機関 ：児童相談所・子ども家庭支援センター等

　児童相談所は、虐待対応だけでなく、子どもに関するあらゆる相談や指導、障害児のための手帳の判定など、子どもと家庭を支援する多くの部署と専門家を有する広域対象の機関です。それに対して子ども家庭支援センターは、各自治体が設置したもので、地元の子育て支援に密着している機関です。虐待通報があった場合、どちらの機関も子どもの安否確認を行い、家族の状況を調べ、必要な手立てについて検討しますが、児童相談所は子どもの一時保護や家庭への立ち入り調査などの権限をもちます。

(3) 就学支援：小学校・教育委員会

　特別支援が必要な子どもの就学先の選択は、保護者にとって大きな困難を伴うものになることが多いものです。そこを園でサポートしていくためには、地域の小学校と連携しつつ、就学支援のシステムを知ることが必要です。自治体によっては、保護者と園が子どもの情報を直接就学先に伝えられるような 就学支援シート を作成しているところもあります（図3）。

【平成30年度版】
このシートは、お子さんが安心して学校生活が送れるよう、希望される方がご記入のうえ、2月末までに、入学する小学校へ提出してください。

生き生きと楽しく学校生活を送るために

こげら就学支援シート

　子どもには、様々な個性があり、多くの可能性があります。また、興味のもち方や物事へのこだわり方、友達との関わり方なども一人一人違います。
　小学校への入学を迎え、家庭で今まで大切にしてきたことや、小学校に引き継ぎたいことがあれば教えてください。
　一人一人のお子さんが、生き生きと楽しく学校生活を送ることができるよう、お子さんに必要と思われる支援や配慮について、みんなで一緒に考えていきましょう。

平成　　年　　月　　日提出

（フリガナ）お子さんのお名前		学校との面談希望	（ 有 ・ 無 ）
（フリガナ）保護者のお名前		保護者の連絡先	電話
認定こども園幼稚園・保育園名	記入者又は担当者		電話
関係する作成機関名	記入者		電話

＜重要＞ ☆小学校・学童クラブの先生方へ☆
こげら就学支援シートを受け取ったら、早めに上記の園にご連絡ください。

連絡した日

小平市教育委員会

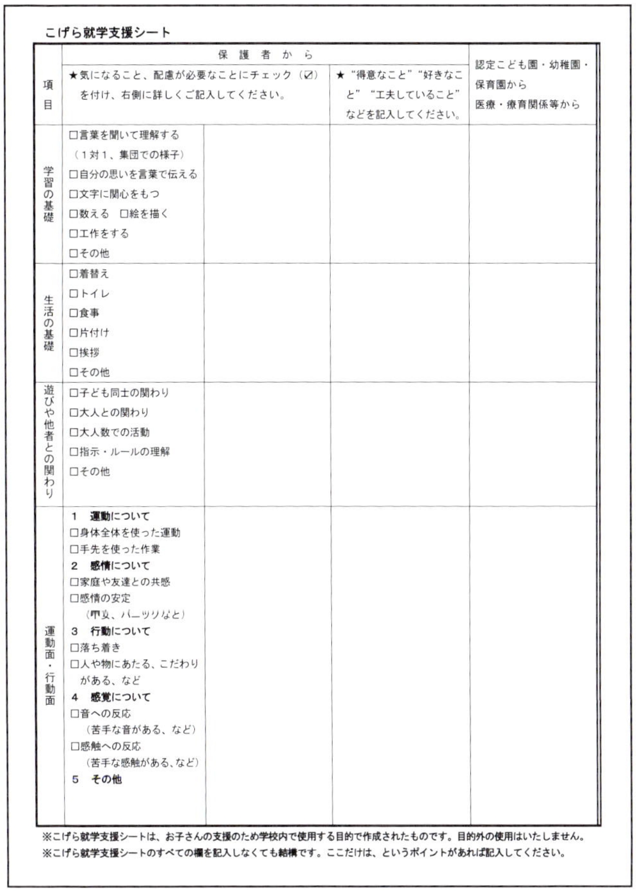

こげら就学支援シート

項目	保護者から		認定こども園・幼稚園・保育園から 医療・療育関係等から
	★気になること、配慮が必要なことにチェック（☑）を付け、右側に詳しくご記入してください。	★"得意なこと""好きなこと""工夫していること"などを記入してください。	
学習の基礎	□言葉を聞いて理解する（1対1、集団での様子） □自分の思いを言葉で伝える □文字に関心をもつ □数える　□絵を描く □工作をする □その他		
生活の基礎	□着替え □トイレ □食事 □片付け □挨拶 □その他		
遊びや他者との関わり	□子ども同士の関わり □大人との関わり □大人数での活動 □指示・ルールの理解 □その他		
運動面・行動面	1　運動について □身体全体を使った運動 □手先を使った作業 2　感情について □家庭や友達との共感 □感情の安定 （順立、パニツリなど） 3　行動について □落ち着き □人や物にあたる、こだわりがある、など 4　感覚について □音への反応 （苦手な音がある、など） □感触への反応 （苦手な感触がある、など） 5　その他		

※こげら就学支援シートは、お子さんの支援のため学校内で使用する目的で作成されたものです。目的外の使用はいたしません。
※こげら就学支援シートのすべての欄を記入しなくても結構です。ここだけは、というポイントがあれば記入してください。

図3
就学支援シート（例）

(4) その他の支援機関
：保健所・保健センター、福祉事務所

　保健所・保健センターは乳児から老人まで、地域住民の健康維持促進を担当する機関です。活動の中心を担っているのは保健師で、子どもに関しては、乳幼児健診や発達相談、大人に対しては子育て支援や各種健康面の相談・予防業務、精神疾患へのケアなども行っています。福祉事務所は福祉に関わる様々な相談や手続きの窓口で、各種手当や生活保護に関することも担当しています。

(5) 連携するときの心構え

　他機関には保育者とは異なる専門性、異なる視点をもつ人たちがいます。連携は、「違いを同じにする」ためではなく、「違いを知り、それを生かす」ために行われるべきです。保育者は子どもの専門家ですから、子どもの教育・福祉の視点に立って、違いを認め合いながら対等な立場で他機関と話し合っていくことが求められます。

---

5. 特別支援教育において大切なこと

　幼稚園、保育所、認定こども園は、療育機関でもなく、カウンセリングセンターでもありませんから、発達ニーズを抱えた子どもや悩みを抱えた保護者に対して、やってあげたくても現実的に不可能なことも多々あるかもしれません。どこまでやることが本当にその家族のためなのか、迷ったり大きな議論になることもあるかと思います。そうしたときには次の2つのことを思い起こしていただきたいと思います。

　1つは、子どもにとって安心安全な環境の中で楽しく自分の力が発揮できることが、最も大きな子どもの学びになり、生きていく土台をつくるということ、そしてそれが保育者のかけがえのない専門性だということです。

　そしてもう1つは、保育者が迷い、悩みながら、子どもと関わっている背中を、すべての子どもが見てそ

こから学んでいるということです。特別支援教育と言いますが、対象とされている子どもたちはただ単に「支援を受ける」だけの子どもたちでしょうか。悩みながら関わっていくうちに、実はそうした子どもほど、周りが学ぶべきものをもっている子どもであるということが、保育者にもそして周りの子どもたちにも次第に理解されていくことでしょう。そして、違いを認め合える仲間の中で育つことが、一人一人の子どもの人間性をより豊かに育てていくことと思います。

　また、こうした子どもたちにとっての10の姿ですが、その伸びる道筋や大切に育てていかなければいけないポイントはどの子どもも全く変わることはありません。こうした子どもほど、主体的に環境に働き掛ける力、自分で考える力、自己表現する力、人に伝える力を、その子どもの力に応じて大切に育てていく必要があります。全ては目の前の子どもから子どもの力と個性、育ちに向かうニーズを学ぶことから始まるのです。

注1：「共生社会の形成に向けたインクルーシブ教育システム構築のための特別支援教育の推進（報告）」（平成24年7月23日）

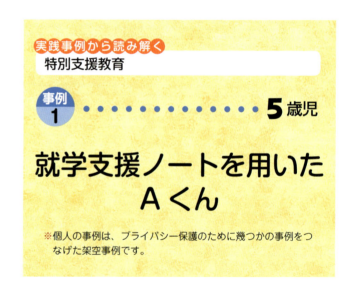

実践事例から読み解く
特別支援教育

事例1　　　　　　　　　　　　　　**5歳児**

就学支援ノートを用いた Aくん

※個人の事例は、プライバシー保護のために幾つかの事例をつなげた架空事例です。

Aくんは、どんな子？

　Aくんは、アスペルガー障害[注2]という診断名の付いた5歳児クラスの男の子です。幼稚園と療育機関に並行通園をしていました。本が大好きで読むのが非常

に速く、しかも書いてあった内容をすぐに覚えてしまうような子どもでした。ほかの子どもと遊ぶことには興味がなく、また全体で動くことは苦手でしたので、運動会や卒園式の練習を嫌がり、泣きながら部屋から出ようとするようなことが続きました。

小学校に行く前に

就学の時期になって、保護者は教育委員会の就学相談を受けました。Aくんは、集団は苦手なものの、知能検査ではIQが100以上出たこともあり、就学先は通常学級にすんなり決まりました。保護者は、Aくんのパニックをよく知っていましたから、就学先の学校と話し合いましたが、なかなかAくんの難しさを学校側に知ってもらうことができないと感じていました。

園での対応と、教育委員会の対応

幼稚園ではそうした保護者の不安を知って、自治体で作っている「就学支援シート」を勧めてみました。就学支援シートには、子どもの現在の姿と、これまで行ってきた配慮と、今後学校側に配慮してもらいたい点を、保護者と園と療育機関が書いて就学先に決まった学校に提出するものです。

幼稚園では、個別の指導計画を基に、生活面では自立しているが、偏食が激しいため、給食では苦労するだろうこと、大きな音が嫌いで、ざわざわしたところやスピーカーから出る大きな音などには非常な不安を示すこと、他児の気持ちをくむことや状況を読むことは苦手なため、小さなトラブルはあるが、その都度保育者が状況を説明し、やるべきことを示すことで、Aくんが理解できることなどをシートに書きました。すると、まず教育委員会の人たちが、集団でのAくんの様子を見るために、幼稚園を訪問してくれました。Aくんはパニックを起こすことはありませんでしたが、ほかの子どもとほとんど関わることなく、一人で本を読んでいる様子や、一斉活動の中で彼がどこにいるべきか分からないために、いるべき場所に印を付けてあ

ることや、要所要所で保育者が次にやるべきことを説明している様子を見てもらえました。

また、入学式前には、就学先の校長先生がAくんと保護者を学校に招待し、入学式でAくんが混乱しないように、式が行われる体育館の見学と、入学式の式次第の説明を聴く機会を設けてくれました。入学後は、Aくんに特別支援教育支援員[注3]が付き、彼が混乱しそうなところを適宜説明してくれるなどの援助をしてくれました。

こうした配慮によって、Aくんにとってスムーズな小学校生活のスタートとなりました。

注2: 自閉スペクトラム症に含まれる診断名で、知的能力・言語能力には遅れはないが、他者の意図や感情、社会的な状況を理解することに困難がある状態。2013年に国際的な診断基準から削除され、自閉スペクトラム症に統合されたことから、次第に使われなくなってきている。
注3: 特別支援教育の推進に伴って、通常学級内で支援が必要な子どもに個別に付いて援助するスタッフ。自治体によって導入のあるなしや資格の在り方などには違いがある。

事例から学ぶ

保護者によっては、「色眼鏡で見られそう」とせっかくの就学支援シートを書くことを避けることがあります。また、保育者の方も、就学支援シートを勧めることは保護者に対して子どもに障害があることを伝えることと勘違いし、なかなか勧められないという声も聞きます。しかし、就学にあたっては、保護者が学校とコミュニケーションを取りながらどのように信頼関係を作っていくかが問われます。就学支援シートは子どもを早く学校に理解してもらうためのツールであるとともに、何か気になる姿が見えたときに教師の方から家庭に連携を取りやすくするためのものでもあります。また、就学という節目のときに、保育者と家庭とが協力して子どもの姿を文書化するという形で、双方の子ども理解を共通理解する大きなチャンスでもあります。保護者が我が子に対する理解を深めるためにも、子どもと保護者が安心して良いスタートを切るためにも有効に使いたいものです。また、日頃小学校と良い連携が取れていると、保育者として、学校がうまく利用できる情報をシートに記入することができます。

事例
2 ●●●●●●●●●●●●●●●●●●

子ども一人一人に応じた支援の実際

※個人の事例は、プライバシー保護のために幾つかの事例をつなげた架空事例です。

発達支援担当者

　B保育園では、障害が重いからという理由で入園を断ることはしていません。ここでは、発達支援担当者という役割をもつ常勤の保育者がおり、0歳児クラスから5歳児クラスにいる、特別な支援が必要な子どもたちすべての把握をしています。そして、必要な配慮についてクラス担当者と協議し、個別の指導計画を作成し、必要なグッズを作成しています。写真は、こうしたグッズの1つです。これは子どもに靴を履く場所であることを示すものですが、写真の大きさや内容を違えながら複数作成しており、その子どもにとって

▲ 視覚支援の例

何が使いやすいのかを試しています。
　発達支援担当の保育者は、「こうした視覚支援注4を始めてから一番変わったのは私たち保育者です。保育者が子どもに対して無駄な声掛けをしなくなりました」と語りました。

注4：言葉を理解することが苦手で、見て理解することが得意な子どもに対して、絵や写真、文字などを用いて分かりやすくする手立て。

事例から学ぶ

　特別支援関連の解説本には、視覚支援や写真カードを使うことなどがよく載っています。しかし、子ども一人一人は違いますから、同じ写真カードがどの子どもにも有効であるとは限りません。
　例えば、目を動かすことが苦手な子どもですと、余り大きな写真だと内容を見て理解することが困難になります。また、情報がたくさんあると混乱する子どもなら、写真の背景に気を付ける必要があります。
　たとえ診断名が同じでも100人いれば100通りです。ですから診断名でその子どもを分かったつもりにならないことが大切です。子どもを理解するには、その子どもと丁寧に関わり、細やかに観察し、保育の中で試行錯誤しながら対応していく必要があります。そういう意味でほかの子どもと何ら変わりません。そうした試行錯誤を含めた子どもへの丁寧な対応が、子どもと保育者との信頼関係を育て、さらには、保護者の保育者への信頼感を紡ぎます。
　また、「保育者が無駄な声掛けをしなくなった」という言葉が示していることは何なのでしょうか。子どもたちが自分で理解して、または気付いたり思い出すことによって、保育者からいちいち注意されたり声掛けされなくても主体的に動けるということだと思われます。特別な支援の必要な子どもにはたくさんの言葉掛けが必要と思われがちですが、たくさん言葉掛けが必要ということは、それだけ子どもが分からない状態に置かれているということです。「分からない状況」の中では主体的に動けるはずもありません。子どもが自ら考え、動けるためには、視覚支援に限らず何が必要なのかを深く考える必要があります。

事例
3 ●●●●●●●●●●●●●●●●●●

保護者が専門機関に行くことを拒否したCくん

※個人の事例は、プライバシー保護のために幾つかの事例をつなげた架空事例です。

保護者に専門機関を勧めると…

Cくんは、1歳児クラスから入園してきた子どもです。入園当初から、場や人への慣れにくさ、音や感触に対する過敏さが目立ち、保育者はなるべくCくんが安定して過ごせるように、不安なときには保育者に頼れるように配慮しながら保育を行っていました。2歳半を過ぎても言葉がなく、発達の遅れが次第にはっきりしてきた頃、園の中で専門機関を勧めていこうということになり、それまで信頼関係を築いてきた担当の保育者が母親に伝えることになりました。ところが、それまではいつも穏やかだった母親は、その言葉に非常な拒否を示し、それ以降保育者とはなるべく顔を合わさないで、逃げるように帰るようになってしまいました。

園内でのケースカンファレンス

保育者は、これまでの子どもと保護者への対応を振り返り、今後の支援について考えるために、ケースカンファレンスを園内で開いてもらいました。カンファレンスでは、母親の拒否の強さはCくんの発達についての不安の強さを示しているのであろうこと、母親に対してはそうした不安を軽減することが今必要な支援であること、そのためには母親自身も困っている子どもの行動に関して、Cくんの子ども理解を深めながら園でできることをまずは行っていくことを確認しました。その話し合いに基づいてCくんの個別の指導計画を立てましたが、その中には、言葉を理解することが難しく、場面の切り替えに不安を示すCくんに対して、次に何を行うのかをあらかじめ写真などを用いて予告をすること、言葉よりもモデルを見ながら学習することが得意なCくんのために1つ1つの行動ややり方をやって見せること、自分の思いを言葉では伝えられないCくんのためにサイン言語[注5]を使っていくこと、が明記されました。

注5：言葉をまだもたない子どもが、サイン（身振り）で自分の意思を伝えられるように援助するもの。

母親の変化

また、家庭でもトイレットトレーニングができないことに困っていましたので、触覚が過敏なCくんのためにオマルの肌に当たる部分の感触を、彼が好きなものに変え、彼がオマルに座ると目の前で好きなキャラクターがピカピカ光るという設定にしました。そして、Cくんがオマルに慣れていく様子を、工夫とともに連絡帳に書いて保護者に伝えていきました。Cくんがオマルで成功できるようになった頃、母親の方から「先生と話したい」という申し出があり、Cくんの様子が心配なことに気が付いてはいたが、怖くて自分からは言い出せなかったこと、保育者から専門機関を勧められ、Cくんは障害児なのか、とひどく落ち込み、しばらくは彼の育児自体が苦痛であったこと、園で一生懸命やってくれていることが分かり、もう一度話を聞いてみようと思ったことが母親より話されました。

保育者は、Cくんには伸びる力があること、以前見に行った専門機関の様子がとても楽しそうで、専門家もたくさんおり、Cくんが通うことで言葉を含めた発達の支援を行ってもらえる可能性について伝えました。

事例から学ぶ

園の中で何らかの発達の問題が見られたとき、専門機関につながってくれると安心という気持ちが保育者に働きます。ところが、そのことをなかなか保護者に伝えられない、または伝えたらこの事例のように保護者との関係性が悪くなったということは非常によくあることです。この園ではそうしたときに、そのままにせず、園でできること、すべきことは何かを再度検討したことが次につながったと言えるでしょう。

保護者は何よりも子どもに丁寧に接してくれ、子どもの成長を支援してくれることを保育者に望んでいます。その望みを満たしてくれたとき、保育者への信頼感ができると言ってよいでしょう。

「この先生は子どもの味方だ、だから話を聞いてみよう」という気持ちを、どうしたら保護者が抱いてくれるのかを考えることが必要です。また、この保育者のように、実際に専門機関を見学するなど知識をもっていると、保護者に伝えやすいですし、聞いている保護者も安心できます。

13.
小学校への接続

福井大学　大学院教育学研究科　教職開発専攻（教職大学院）准教授

岸野　麻衣

つなぐ手掛かり

「幼児期の終わりまでに育ってほしい姿」について、小学校の教師との意見交換や合同の研究の機会などを通して共有し、幼児教育で育まれた資質・能力を踏まえて小学校教育が円滑に行われるよう、接続を図ることが求められています。幼児教育と小学校教育では、子どもの生活や教育の在り方は異なりますが、育ちや学びはつながっています。「幼児期の終わりまでに育ってほしい姿」を手掛かりに、子どもの発達を長期的な視点で捉え、幼児期から児童期にどのようにつながっていくのかを捉え直し、幼児教育と小学校教育の教育内容や指導の仕方の相違点・共通点を理解し合っていくことが求められるのです。

なお、小学校の学習指導要領においても、「幼児期の終わりまでに育ってほしい姿を踏まえた指導を工夫することにより，幼稚園教育要領等に基づく幼児期の教育を通して育まれた資質・能力を踏まえて教育活動を実施し，児童が主体的に自己を発揮しながら学びに向かうことが可能となるようにすること。」と記載されています。生活科を中心に、様々な教科の関連を図りながら、幼児期に遊びを通して育まれてきたことが各教科等での学習につながっていくよう求められると明記されるようになりました。

これらを踏まえて、本章では、幼児教育が小学校教育とどのようにつながるのか、子どもの育ちと学びをつなぐにはどうしたらいいのか、小学校教育においてどのようなことが求められるのか、解説していきます。

I 幼児教育と小学校教育における育ちや学びのつながり

幼児教育と小学校教育におけるつながりについて、子どもの経験のつながりと資質・能力のつながりという点で考えてみましょう。

1．子どもの経験のつながり

幼児教育と小学校教育で教育の在り方に異なる面があっても、子どもの経験には共通してつながっていることが様々にあるものです。

園では5領域に関わって様々な経験をしていきます。例えば、手洗いやうがい、食事や排せつ。あるいは、飼育や栽培、製作遊びやごっこ遊び。友達と相談したり、絵本を読んだり、歌を歌ったり。これらはすべて小学校でも経験することです。休み時間の終わりには手洗い・うがいをし、自分でトイレに行き、給食の時間には協力して配膳して班で食べます。

▲ 小学校でも経験すること

生活科ではアサガオなどの花やミニトマトなどの野菜を育てたり、バッタやザリガニ、ウサギなどの生き物を飼育したりする機会があります。

▲ 園での経験の広がり深まりを小学校で

算数の「かたち」の学習では、身の回りにある箱などを用いて考えたり、図工では様々な素材でものを作ったりします。

このような場では、単に園での経験をそのまま繰り返すのではなく、園での経験を踏まえてさらに質の高いものになることが望まれます。「園でイモ掘りをしたのなら小学校ではしなくていい」のではなく、経験を重ねることでそれが広がったり深まったりすることが必要なのです。また、つながりのある経験をしていても、園と学校とで文脈が異なると、子どもにとっては別のこととして認識され、つながりを見いだしにくいこともあります。そのため、教師の側でつながりを認識し、園での経験をうまく引き出し、質を高めていく工夫が求められます。

2. 資質・能力のつながり

経験の中で発揮される資質・能力もつながっています。例えば、製作遊びの中で空き箱を組み合わせてロボットを作ろうとしている子ども。どの箱を何個使ってどう組み合わせたらいいか、今までの経験を駆使して、考えたり試したりしていきます。これなら手にぴったりだとか、これなら体によさそうだとか、感覚や気付きを働かせて作っていきます。だんだん大きくなり、いよいよ立たせてみようとすると、ぐらぐらとし

て倒れてしまう。どうしたら立つかを考える中で、両足の高さをそろえたり、足の裏の面積を広くしたりし

▲「学びへ向かう力」の育ちのつながりは…

て工夫していきます。作っていると友達が寄って来て、「ここからビームが出るんだ!」とイメージを出し合って体に穴を開けたり、色や絵を付けて見栄えを良くしようとしたりしていきます。

空き箱という素材を前に、心を動かし、やってみたいことに向けて、試行錯誤してやり遂げていくプロセスは「学びに向かう力」であり、小学校の授業においても、心や頭を働かせて、課題に向かって試行錯誤してやり遂げる力がつながっています。「知識・技能」の点でも、箱の形や数、高さや面積といった算数につながる気付きや、友達と一緒にロボットから想起するイメージを言語化して共有する国語につながる気付き、色や形や絵でデザインしていく図工につながる気付きなど、たくさんの領域にわたる知識・技能がつながっ

▲「知識・技能」「思考力・判断力・表現力等」の育ちのつながりは…

103

ています。このように知識・技能を発揮したり獲得したりする背景には、どうしたらいいかを考え、何を使ったらいいか判断し、外化して表現していく過程があり、このような「思考力・判断力・表現力」もまた小学校の授業で課題に取り組むとき同じように発揮され、育まれていきます。

今回の改訂では、この資質・能力の3つの柱が、幼児教育からそれ以降の学校教育にわたって共通して、子どもたちに育むことが求められています。その意味でも、資質・能力のつながりという点で遊びを考察することが重要です。またこの視点で捉えることで、遊びや活動、そこでの子どもの経験をより質の高いものにするのに何が必要かを考えることにつなげることもできます。

II 子どもの育ちと学びの共有

1. 共有の場

このような子どもの育ちと学びのつながりを共有していくためには、園と小学校とで共有の場をもつことが必要になります。連携協議会などの場や合同での研修が挙げられます。園から入学する子どもについて申し送りをするとか、一緒に行事を行うなどの交流の段取りを打ち合わせるといったことも多くの園・学校で行われていると思います。申し送りや打ち合わせから一歩進んで、子どもたちの育ちのつながりや教育のつながりについてまで共有できることが望まれます。

そうした場は、教育観のぶつかる場にもなりえます。例えば、小学校の教師が園を訪問して参観する機会も、ずいぶん増えてきたと思います。そうした場で小学校の教師には、「楽しそうに遊んでいてよかった」とだけ見えたり、「好きなことしかしていなくていいのか」と疑問に思われたりすることもあるかもしれません。

一方で、園の保育者にとっては、「楽しい」だけでなく、たくさんの学びや育ちが見て取れていたり、好きなことを自ら見付けて遊び込むことを大事にしなが

ら興味や関心を広げていく工夫をしていたりするはずです。子どもを見る目や教育において大事にしていることが関わっているからこそ、ぶつかったり、分かってもらえなかったりする局面も生じえます。

2. 幼児期の遊びの中の学びを伝えるために

では、どうしたら伝えることができるでしょうか。保育者として、子どものこれまでの育ちや学びをどう捉えているのか、今何を大事に育もうとしているのか、そのためにどんな手立てを打っているのか、具体的に伝えていくことが必要です。それには、例えば小学校の教師が園に参観に来た際に、ただ見てもらって終わるのではなく、見ながら解説をしたり、保育後の協議の場に参加してもらったりして伝えるとよいでしょう。あるいは参観に来てもらう場合以外にも、具体的な遊びの場面を共有してそのエピソードを語ったり、写真などを用いて共有したりすることも1つでしょう。園の掲示やお便りで、子どもの遊びのプロセスを示して、学びや育ちを見せる園も増えてきました。それらも活用できるかもしれません。ただ、その際、単に「何をしているのか」だけでなく、そこでどのような学びがあるのか、言語化して示すことが大事です。

▲ ただの掲示ではなく…

それには、保育者同士でも遊びの中の子どもの姿を語り合い、どのような学びがあったのか、問い直して言葉にしていくことが重要になると言えます。

▲ 何をしているかだけでなく、どのような学びがあるのかを言葉にして示す

▲ 遊びからの「学び」「育ち」を分かりやすく示す

3. 学校での育ちへの理解

　保育者が学校に行って授業を参観し、検討し合う場もあることでしょう。そこでは、園にいた個々の子どもが適応しているかということに目が向きがちかもしれません。「きちんと指示に従えているか」ではなく、「何をどのように学んでいるか」に目を向けることが望まれます。園で取り組んでいたことや育ってきたことが、学校の授業という文脈にどうつながるのか、という視点で捉えることが必要です。

　あるいは、参観する授業が低学年とは限らず、高学年を参観することになり、一見、保育の場から遠く離れたところに来てしまったと感じるかもしれません。

　しかし、子どもの育ちや学びは必ずつながっています。長期的に見ると、子どもの学びはどうつながるのか、園での子どもの姿とどうつながるのかという視点で捉えると、必ず関連が見えてくるはずです。

Ⅲ　小学校教育でつなぐ

　「円滑な接続」というとき、それは段差をゼロにするわけではありません。子どもたちは就学に際して不安と同時に期待も大きくもっているものです。園生活と違うことによる不安を解消しながら、期待を活かして、むしろ園でやってきたことをさらに伸ばしていくことが望まれます。その意味で、小学校でゼロからスタートするのではなく、子どもたちが園ではどうやってきたのか、どんな経験をしてきたのか、どんな資質・能力を身に付けてきたのか、つながりを意識し、より高い水準に向けて指導することが重要です。

　例えば生活科において学校探検や飼育栽培活動などの体験の中で、子どもは大人が思いも寄らない物や事象に目を向けて発見したり疑問に思ったりします。そうした生き生きとした経験や豊かな発想を、あるべき振る舞いやある種の型にはめてつぶさずに、子どもが課題に向かって自分で考えたり気付いたりして、資質・能力が豊かになっていくことを目指していくことが求められます。体験の中には、様々な要素が混じり合って、総合的に学んでいくことになります。多様な学びの要素を含む体験をどのようにデザインし、子どもが自ら働き掛けて学んでいけるよう環境を構成したらよいか、それは幼児教育の真骨頂でもあります。幼児教育での学びの在り方がきっと参考になるはずです。

本当の「円滑な接続」に必要となる

園での遊びを通した学びが、小学校にどうつながるかを、子どもの姿として示していける力

～どのようにその「力」を付けるか～

子どもの育ちを表して…

　小学校への接続に当たって、園での学びが小学校にどのようにつながっていくのかということを保育者が理解し、問いながら保育を行い、そこで育まれた子どもの姿を示していくことが必要になります。ここでは、保育者がそうした力を付けていくにはどうしたらいいかを考えてみたいと思います。そして、そうした取り組みが個々の園に閉じることなく、地域の他の園と共有して高め合い、小学校につないでいくことも大切です。

1. 園で遊びの中の学びを見取る力を培う

●（1）見合い語り合う

　多くの園で、年に数回、研究保育の名のもとに、クラス単位などで特定の保育場面を園の保育者で参観し、それぞれに記録を取って、保育後協議し合う取り組みを行っていると思います。このような園内研究会において、単に子どもが何をしていたのかを報告し合うのではなく、その場面の子どもの姿をそれぞれの保育者がどのように捉え、どのような学びがあったと考えるのか、語り合うことで、小学校以降にもつながる学び

について理解を深めることができます。

　ある園では、この協議の場の在り方について様々に工夫を行っています。最近では、参観したコーナーや子どもに焦点を当てて２、３人ずつのグループになり、お互いに見た場面を語りながら、その日子どもがどのような思いや考えをもって活動を展開してきたのか、そのプロセスを模造紙に書き込んで共有していきました。

▲ 園内研究会で幾つかのグループでの話し合い

　例えば、色水遊びをしていた場面をめぐって、テーブルを囲ってお互いの行為を見合いながら、どんな道具を使ってどんな材料を使うといいか考えていく過程や、できてきたところで色や匂いについて様々な言葉が発せられ、ジュースに見立てていく過程。黄色の色

▲ 色水遊び…どんな道具・材料がよいかを考え合う

水を作ることにこだわったり、ペットボトル一杯まで入れることにこだわったりしながら、友達と言葉を交

わしながら考えていく過程などが見えてきました。

▲ 色水遊び…色や匂いについて話し合ってジュースに見立てていく

　子どもたちがそれぞれに自分のやってみたいことを見いだし、そこに向かう中で、五感で感じ、様々なことに気付き、自分なりに考え、工夫していく姿が随所に見られ、保育者同士で遊びの中の学びを言語化していくことができました。

▲ 子どもたち自らが自分なりに考え工夫していく姿が見られるように

● (2) 写真をもとに語る ■■■■■■■■■■■■■■

　保育場面を写真に撮っておき、保育を振り返る手掛かりにしたり、そこで見えてきたことを掲示や通信を通して保護者や学校に発信したりする取り組みも多くの園で見られるようになってきました。そこでもやはり、「何をやったのか」だけでなく、「どのような学びがあったのか」、その意味を言語化することが重要になります。

　ある保育園では、掲示や保護者会の機会に、遊びの

プロセスを写真で示し、そこでの学びを発信しています。その過程は、個々の保育者に任されるのではなく、保育者同士で語り合う場をもち、いろいろな見方を交流し合い、検討していきます。例えば、といと水を使った、転がし遊び。水道口から斜めにといを置き、水を流してマツボックリを転がし始めた子どもたち。

▲ といと水の転がし遊び…マツボックリは？…物の性質などに気付く

　ちょっと水を流すとコロコロ転がり、水を思い切り出してみると速いスピードで転がっていきます。砂はどうだろう？　と、地面の砂や土をといの上に載せ始める子どもたち。少しの砂ならさらさらと流れますが、たくさんになると水がせき止められ、水を思い切り出してもなかなか流れません。

▲ といと水の転がし遊び…砂は？…物の性質などに気付く

　子どもたちはこのような遊びを通して、物の形や質量の違いで転がり方や流れ方が変わること、水の流れ

る勢いや量によっても変化することに気付き、遊びの中で水の性質や砂の性質を知り、その不思議さを楽しんでいることが見えてきました。同時に、マツボックリを転がすという単純な遊びから始まり、複雑なことへと発展し、試すことや挑戦することの面白さを友達と共有するという学びも見えてきます。

● (3) 事例として書き記す ■■■■■■■■■■■■■■

　遊びの中の学びについて、見たことや写真を通して語り合うことと同時に、それをエピソードとして書き記し、吟味していくことも重要です。語り合うときには聴き手が語りを引き出してくれる面も大きくありますが、書くという過程では自分との対話が生じ、言葉を吟味することで実践そのものも深く吟味することができます。

　ある園では、日々の記録を基に、数か月に一度、事例としてそこまでの遊びの流れや子どもたちの育ちをまとめ、読み合って検討します。まとめてみることで、取り上げた場面での子どもたちの学びについてより明確に言語化することになります。同時に、毎回の遊びがどのようにつながり、学びがどのように発展していったのか、点から線で捉え直すことにもつながります。

2.　長期的な視点をもって市町で共有し、小学校につなぐ

　こうした取り組みを個々の園で行うだけでなく、市町単位など地域の複数園合同で行うと、一層共有が図られ、また各園が他園と比較して自園を問い直すことにもなり、効果的です。

　ある町では、町内の複数園から数名ずつの保育者で構成する研究チームを作り、１つの園での継続的な参観と協議を行っています。その際、それぞれの園から保育の写真を持ち寄り、園での遊びの展開とそこでの学びを語り合っています。合わせて、教育委員会とも連携して、小学校の教師たちに向けた合同の研修も行われています。町の小学校教師たちに保育場面をどのように見てほしいかを伝えた上で、各学区の園で保育を参観してもらい、保育後にグループに分かれて、ど

のように子どもの姿を捉えたかを語り合います。

　またある市では、市内の各園からの保育者で構成された委員会を作り、複数の園で合同の研究保育を重ね、０歳児から５歳児までの子どもの学びと育ちをまとめています。形だけでなく、具体的な子どもや保育を共有しながら作っていくことで、子ども観や保育観も共有され、遊びの中での学びをどう捉えたらいいか、つかめるようになっていきます。この委員会には小学校教師も含まれており、研究保育の際には可能な限り参観に来てもらいます。

　さらにある町では、各園で遊びの事例を書き記して検討し、数か月に一度、それを持ち寄って合同で検討し合う取り組みを行っています。検討を重ねることで、１年間にわたって遊びの展開や子どもの育ちを追い掛ける長期的な視点をもった事例になっていきます。年度末には、町の小中学校の教師たちも集まる研修会で各園の事例を報告し、園で大事にしていることや園生活を通した子どもたちの学びや育ちを多面的に発信することにつながっています。

3.　小学校につながると

　園での子どもの学びや育ちが小学校につながると、どのような実践がなされうるでしょうか。ある小学校教師は、「園の先生方、ここまで子どもたちを育ててくれてありがとう」と感謝の気持ちを抱いて、さらに子どもたちを伸ばしていこうとすると言います。子どもたちにも、ロッカーやトイレなどの使い方から係活動など、「園ではどうしていたか」を尋ね、小学校ではどうしていくといいかを一緒に考えていくと言います。

　時間割や学習内容も弾力的に編成し、生活科で学校探検に出掛けたところから、見付けた体育館のラインを使って遊ぶという流れで体育を行ったり、探検に行った先でクラスと名前を伝えるためにカードを作るといった流れで国語の学習につないだりしていきます。見付けた園庭の花壇の花や石も、算数の学習材料になっていきます。子どもが活動する中で見付けたものや

体験したことを活かして学習に結び付け、園でも経験してきたことをさらに質の高いものにしていくのです。

またある小学校教師は、生活科で行うアサガオの栽培も、園での栽培経験を活かして、できる限り子どもに考えさせると言います。土の量や種の植え方などを教師が指示して決まった通りにさせるのではなく、考えさせるというのです。そうすると、種を幾つも植える子もいれば大事に育てたいからと1つしか植えない子、日の当たるところに置く子もいれば日陰に置く子もいます。

▲ 園でも経験したアサガオの栽培…考えてさせる…質の向上

芽が出ない子には、もう一度植え直すか、たくさん芽が出た子から分けてもらうか、教師が寄り添って一緒に考えます。子どもたちは自分で考えてやったことだけに、熱心に観察します。互いの鉢を比べて成長を比較しながら、置き場所を変えたりする子もいます。

▲ 自分で考えてしたこと…熱心に観察

▲ アサガオ栽培のワークシート。先生のコメントに注目！

どんなケアをするといいか、口コミが自然に広がり、それらを授業でも取り上げる中で、気付きが深まっていきます。花が咲き、つるが伸びればその都度、教師は子どもたちに何ができそうか、どうするといいかを問い、一緒に考えていきます。

このように、園での経験を活かして授業をつくっていくことで、子どもたちはやりがいをもって自律的に授業に臨み、気付きの質を高めていき、資質・能力の向上にもつながります。

▲ アサガオ栽培のワークシート。コメントで子どもの学びを認め、すすめている！

（株式会社 文溪堂「せいかつかシート」／説明イラスト・あべつせこ）

注： 本稿執筆において、滋賀県豊郷町立豊郷幼稚園、滋賀県愛荘町立秦荘幼稚園、滋賀県草津市就学前教育・保育検討委員会、福井県幼児教育支援センター、福井県おおい町立名田庄こども園、福井県高浜町立各保育所、福井県美浜町立各保育所の先生方及び福井県福井市立西藤島小学校西片善江先生の取り組みを参考にさせていただきました。

14.
子育て支援

目白大学　人間学部　子ども学科　准教授
荒牧　美佐子

I　多様化する子育て支援ニーズに応えていくために

　核家族化、少子化、地域社会とのつながりの希薄化など、子育て環境の変化を背景に、いろいろな困難を抱えた家庭が増えているとともに、子育てに関するニーズもまた多様化しています。そんな中、幼稚園、保育所、そして認定こども園が、地域における子育て支援機関として、中心的な役割を果たしていくことがますます重視されています。

　幼児期の終わりまでに育ってほしい姿（10の姿）にも見られるように、就学前の子どもたちの健やかな育ちをどう保障していくかという視点に立ったとき、何よりもまず、子どもたちの過ごす場所に関係なく、その機会が平等に与えられるようにするべきだと言えるでしょう。当然ながら、子どもたちの育ちを支えているのは、園だけではありません。そこで、ここでは、子育て支援において園が果たすべき役割に関し、園の中での活動の在り方とともに、家庭や地域、その他の専門機関との連携の重要性について解説していきます。

II　預かり保育などを含めた全体的な計画の編成

　今回の幼稚園教育要領の改訂では、預かり保育など、教育課程に係る教育時間の終了後に行う教育活動について、各園の教育課程全体の中に位置付けて計画、実施していく必要性が明記されました。文部科学省の調べによると、預かり保育を実施している園は、平成26年時点で私立幼稚園の95.0％、公立幼稚園の60.9％となっています。こうした現状に鑑みても、預かり保育や子育て支援などの教育課程以外の活動を含めた「カリキュラム・マネジメント」は重要だと言えます。また、これは幼稚園の預かり保育だけでなく、認定こども園や保育所における延長保育や夜間保育、休日保育などについても同じです。

1．預かり保育等の活動内容

● “安心、ゆったり”を前提に

　では、預かり保育等ではどういった活動を行えばよいのでしょうか。この点については、各園の実施形態にもよりますが、たいていの場合、標準的な教育時間内におけるクラスとは園児の数や年齢構成、担当保育者等が異なることなどからも、必ずしも、教育課程に係る時間の教育と連続した活動でなければならないわけではありません。まずは、安心してゆったりと過ごせる場所と時間の確保を前提としつつ、教育課程に係る時間の教育と緩やかな関連をもたせた計画を立てていくことが必要です。その際、いつものクラスとは違う園児や保育者とともに過ごせることが、子どもたちにとって新たな交流や経験が広がる機会であると捉えた内容を取り入れていくことが望ましいでしょう。また、認定こども園の場合には、一時預かり保育事業を利用する園児と、長時間保育の園児の教育及び保育を合同で行う場合もありますが、それぞれの園児の生活全体を考慮した上で、計画を立てることが求められます。そして、預かり保育等の活動内容に適切な教材研究等も重要となります。

2. 預かり保育等における課題

● (1) 預かり保育の利便性だけに偏らないようにする

近年では、就労支援として預かり保育が果たす役割も大きくなってきました。幼稚園であっても、共働きの世帯が増えていますから、園として、こうしたニーズに対応してくことも必要ですが、預かり保育の利便性向上に偏り、ただ長時間預かりっぱなしにならないようにすることが大切です。園だけでなく、子どもたちが家庭で過ごす時間も含めた生活全体のバランスを考えることが肝要ですし、そのためには、保護者と園とが協力し合って、共に子どもの育ちを支えているといった意識の共有が必要です。

● (2) 担当保育者の確保及び負担軽減をどうするか

預かり保育の内容を園の全体的な計画の中に位置付けていくことで、子どもたちの園生活がより充実したものとなるように努めつつも、それに伴って、担当保育者の負担が過重となることは避けなければなりません。前述の文部科学省の調査では、預かり保育を行っている幼稚園全体の約4割が、預かり保育のための人員を確保していないことを明らかにしています。また、預かり保育の担当保育者が、教育課程に係る時間における保育者と異なる場合には、両者間でどのように連携を図っていくかが課題となります。従って、今後は、預かり保育の実施にあたって、園だけでなく、地域の人々や保護者を巻き込んだ仕組みづくりなどを模索することも重要であると言えますし、すでにそういった取り組みを行っている園の実践例に学ぶことも必要でしょう。

Ⅲ 保護者との相互理解・協働

預かり保育においてだけでなく、子どもの育ちを支えていくには、保護者との協働が不可欠ですし、そのためには、各園の教育及び保育方針について保護者との間に相互理解を図ることが前提となります。また、子育て支援の対象は、在園児の保護者にとどまりません。これまでにもいわれてきたように、未就園児をもつ地域の保護者に対する支援もまた、幼稚園、保育所、認定こども園が果たすべき役割の1つとなっています。ただし、いずれにせよ、一方的に保護者が支援の受け手にならないよう、保護者自身の主体性や自己決定を尊重した上で、保護者自身をエンパワメントしていくような支援が望まれます。

1. 保護者のエンパワメント

● (1) 保護者の気持ちを受け止める ∎∎∎∎∎∎∎∎∎∎

子どもと関わったことのある経験の乏しさなどから、自分の子育てに自信がもてないとか、子どもの育ちに焦りを感じているといった保護者が多くいることが指摘されています。保育者は、保護者との日常的なやり取りや会話の中から、保護者の悩みや不安をキャッチし、より話しやすくなるような雰囲気づくりや声掛けを心掛けることにより、保護者の安心感を醸成することができます。

また、保護者の抱く様々な感情を受け止めるとともに、親としての子育てに対する有能感を育てていくことも大切です。有能感とは、「自分の子育ては正しい」という勝手な思い込みではなく、「何とか子どもとうまく関わっていける」という子育てへのほど良い自信のようなものです。子育てを肯定的に捉えるという保護者の前向きな気持ちが、子どもに対する受容的、応答的な養育態度につながります。

● (2) 保護者同士の交流を促す ∎∎∎∎∎∎∎∎∎∎

保護者同士が互いに子育てに関する悩みを打ち明けたり、助言し合ったりすることは、保護者自身が自分の子育てについて振り返ったり、子育ての多様性について学ぶ機会となります。このような保護者同士の支え合いは、保護者のエンパワメントにもつながりますし、子育ての経験の継承にもなります。また、在園児の保護者だけでなく、地域の未就学児をもつ保護者の間でもこうした交流が実現できるような取り組みが必要です。

2. 子どもの姿や学びの共有

園での教育及び保育の過程や、子どもの発達の状況

を保護者と共有することは、園や保育者に対する保護者の理解を深め、互いの信頼関係を構築していく上で有効です。したがって、日々の教育や保育の記録などを、写真や動画などに残し可視化したドキュメンテーションやポートフォリオなどによって、より分かりやすく保護者に伝えていく工夫が求められるでしょう。子どもたちが園でどのように過ごし、成長しているのか、園での活動にはどういった意図やねらいがあるのかなど、子どもの発達やそれに伴う学びの連続性について、保護者が興味をもち、理解していくことにより、保護者の中に、園や保育者とともに子どもの育ちを支えていくといった意識が高まります。

Ⅳ 他の専門機関や地域の人々との連携

1. 専門機関・専門家との連携

　ここまでに見てきたように、幼稚園、保育所、そして認定こども園における子育て支援は、その対象や内容が多岐にわたりますし、限られた人的・物理的・財的資源の中で、すべてをカバーすることは非常に困難です。特に、ひとり親家庭や貧困家庭、外国籍家庭、障がいをもつ子どものいる家庭への支援など、特別なニーズを有する家庭への支援は、専門的な知識や技術を要しますので、園だけでは対応できないことも生じます。そこで、これまで通り、こうした家庭への支援にあたっては、市町村の支援を得て、地域の関係機関等との積極的な連携及び協働を図ることが求められます。また、幼稚園においては、地域の幼児期の教育センターとしての役割がより一層重視されるようになることから、子育て支援について、心理士、小児保健の専門家、幼児教育アドバイザーなどを活用しながら、その機能を果たすことが大切です。保育所における食育の推進に関しては、家庭との連続性を意識しつつ、保育者、調理員、栄養士等が乳幼児との関わりを深めながら連携し、一体となった取り組みを進めることが重要です。保育所での食への配慮を丁寧に保護者に伝

えることも、子育て支援の一環となります。

2. 地域の人々との連携

　子育て支援の実施においては、地域で子育て支援を行う団体との連携や協働なども今後進むことが考えられます。それに伴い、園がこうした子育て支援団体の専門性をどう支えていくかなどが課題となるでしょう。

　また、次世代育成の視点を含めた支援としては、地域の中で、小中高生などが保護者や乳幼児期の子どもたちと触れ合う取り組みなどが広がっています。地域における異年齢の子どもたち同士の関わりが少なくなっている現状から、こうした取り組みは、園児たちにとっても貴重な経験となると言えるでしょう。

Ⅴ 保育者の専門性の向上や園の体制構築の必要性

　保育者が子育て支援に携わることは、保護者の実態やニーズを知る貴重な機会となりますし、そのことが保護者との連携や協働をより充実したものにするだけでなく、日常の教育及び保育に生かしていくこともできます。子育て支援に関する保育者の力量を付け、専門性を向上させていくためには、研修機会の充実が望まれます。子育て支援を実践するために求められる専門性というのは、非常に多岐にわたると考えられますが、今後は、まず、日々の教育及び保育の内容をいかに分かりやすく保護者に伝えていくか、ということに関する技術や知識がより必要となるでしょう。また、子育て支援に関するニーズの複雑化、多様化に伴い、保育者だけでは対応できないことも増えていくことを想定し、自治体や専門機関といったフォーマルな資源とともに、保護者自身や地域の人々などのインフォーマルな資源をうまく活用しながら、子育て支援を充実化する必要性があるでしょう。そして、このようにして、地域の子育て支援における拠点的な役割を果たすためには、どのように園全体の体制構築を図っていくかが課題となります。

引用・参考文献
文部科学省「平成26年度幼児教育実態調査」2015年
無藤隆・安藤智子編「子育て支援の心理学」新曜社、2008年

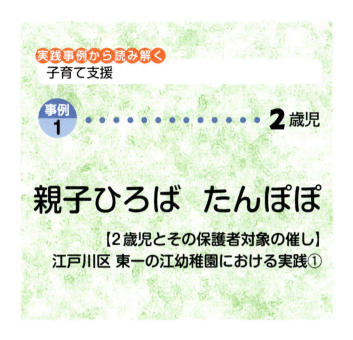

実践事例から読み解く
子育て支援

事例 **1** ●●●●●●●●●●●● **2**歳児

親子ひろば　たんぽぽ

【2歳児とその保護者対象の催し】
江戸川区 東一の江幼稚園における実践①

活動の概要

　地域の2歳児をもつ親子を対象とした親子ひろば「たんぽぽ」は、1日15組の予約制で、週2回、月曜と木曜の10時から11時半までの時間帯で行われています。利用料金は無料ですが、保険料として年間500円がかかります。おもちゃや絵本が用意された保育室内での活動が中心で、園庭で遊ぶこともできます。2017年度は、1学期の間に、延べ78人が参加しました。

活動の流れ

● **9：30**

　今日のプログラムに参加する親子が集まってきます。親子ひろばの活動の中心は室内ですが、その前の時間帯は、園庭で外遊びを楽しみながら、開始を待ちます。

● **10：00**

　10時少し前から受け付けを開始。保育室の入り口で出席カードを集めます。担当する保育者はベテランの先生1名。にこやかに保護者や子どもたちに挨拶を交わしながら、お出迎えをします。

● **10：15**

　親子ひろば開始。室内には、参加した親子が好きな遊びや活動に取り組めるよう、幾つかのコーナーに分けられて、教材やおもちゃなどが用意されています。この日は、全部で8つのコーナーが設定されていました。開始から約1時間、それぞれ思い思いの場所でゆったりとした時間を過ごします。

　部屋の隅には、直接座れるよう敷かれたラグの上に、ソファーとローテーブルが備えられていて、パズルで遊んだり、絵本を読んだりできます。

▲ 部屋の隅にはパズルや絵本のコーナーを用意

　塗り絵コーナーでは、何種類かの塗り絵の下絵とクレヨンが用意されています。絵からはみ出して、自分の腕にまで色を塗ってしまっていますね。

▲ 塗り絵コーナーには、絵の下絵とクレヨンを用意

製作遊びコーナーには、夏らしく、うちわを作るための材料や道具が準備されていました。厚紙に書かれた下絵に色をフェルトペンや色鉛筆で塗ったら、外枠に沿ってハサミで切り抜き、お母さんと「せーの」で貼り合わせます。

▲ 製作遊びコーナーでは、うちわを作る親子が…

粘土遊びコーナーは、人気です。親子で何を作るか相談しながら、粘土をコネコネ。

▲ 粘土遊びコーナー … 何を作るか、相談する親子

構成遊びコーナーでは、白い台紙に、様々な形に切られた色紙を自由に組み合わせて、のり付けし、作品を仕上げることができます。台紙と何種類かのパーツがひとまとめになって参加者分、あらかじめ用意されていました。その他、おもちゃが広げられ、ごっこ遊びが楽しめるコーナーもあります。鉄道の玩具やミニカー、おままごとセットなどが用意されています。

開始から30分ほど経過したところで、少し体を使って遊べる遊具が設置されました。ナイロン製のトンネルの中を子どもたちがハイハイしながら、くぐっていきます。さあ、出てくるかな？

▲ ナイロン製のトンネルをくぐって出てくるのを待つ

● 11：00 ■■■■■■■■■■■■■■■■■■■■■

約1時間の親子での遊びの時間が終わり、各コーナーの片付けが始まります。保育者の「そろそろお片付けをお願いします！」の呼び掛けで、お母さんたちが一斉に動き出します。今日は、1学期最後の子育てひろばということもあり、リピーターの参加者を中心に、手際良く片付けが進んでいきます。

▲ 片付けも手際良く

● 11：10

　片付けが終わると、「みいつけた!!」ゲームが始まりました。ヒントカードを手掛かりに、保育室内に隠されたバケツ、ボール、積み木などを親子で協力しながら、探していきます。見付けることができたら、シールがもらえます。こうして、親子でゲームを楽しんでいる間に、保育者は、サークル状に椅子を並べていきます。

● 11：20

　親子が全員着席できたら、「まほうのお水」の入ったペットボトルが配られます。ちょっとした細工が仕掛けられたペットボトルを子どもたちが勢いよく振ると、透明だった水が色水へと変化します。力一杯シャカシャカ振って、色が変わる様子に子どもたちも興奮しています。仕上げに、きれいに色づいたペットボトルにおめめとヒレを付けて、お魚の出来上がり。

◀ ペットボトルに
目とヒレを付けて
魚の出来上がり

　家でも子どもと一緒にまた同じものを作って遊べるよう、色水に変わる仕組みと作り方、材料などを簡単に説明します。

● 11：30

　最後は手遊び。全員で『さかながはねた』を歌います。その後、参加してくれた子どもたち、一人一人の名前を呼んで出席カードを手渡します。

▲ 手遊びしている間にカードが手渡される

● 11：40

　熱中症予防のための水分補給、冷たいものの摂（と）り過ぎ注意、生活リズムを整えることの大切さなど、子育てに関するちょっとしたアドバイスをして終了。さようならのご挨拶をして解散です。

▲ さようならの挨拶をして解散

保護者同士の交流、保育者の働き掛け

　基本的には、親子で一緒に遊べるようなプログラム構成となっています。まだ2歳ということで、子どもたちだけの関わりはあまり見られません。しかし、子どもとの活動を楽しみつつ、仲の良い保護者同士で会

話が弾む場面は多くありました。

　また、保育者は、全体の様子に常に気を配りながら、さりげなく保護者の輪の中に入り、コミュニケーションを取っていました。ごく自然な日常会話の中から、保護者が子育てで何か不安や焦りなど感じていないかを察知します。保護者の方もリラックスして、子どものことや家族のことなど、ちょっとした愚痴や心配事を保育者に聞いてもらっていました。楽しげな会話の雰囲気は、保育者と保護者という関係より、ベテランママと新米ママといった感じです。「うちもそうだったのよ」、「えー、そうだったんですか？」。

▲ さりげないやり取りが保護者に安心感をもたらす

　保護者への気配りは、最後の親子が帰るまで続きます。下駄箱の前で、子どもと一緒に帰り支度をしながらの何げない世間話。「実は、うちの子、食べ物の好き嫌いが多くて…お肉をあまり食べないんです。来年から幼稚園に入るのに、ちょっと気になっていて」。保育者は、保護者の話にじっと耳を傾けます。短い時間での立ち話ですから、性急に明確な答えは出しませんが、簡単なアドバイスとともに、少しでも保護者の不安を軽くするような温かい言葉をひとつ、ふたつ、穏やかに返します。すると保護者もほっとした様子で、「また遊びに来ます」と言って帰っていきました。

事例から学ぶ

　親子ひろば「たんぽぽ」では、1時間半の中で、それぞれの親子が飽きないように、そして、自分たちのペースで遊びが楽しめるような工夫が随所になされています。子ども同士のトラブルなどが起きないよう、各コーナーには教材や道具が潤沢に用意されていました。作った作品は持ち帰ることができますし、そのためのポリ袋も用意されています。こうしたすべての準備は、親子ひろば担当の保育者1名が行っていましたが、活動の途中では、保護者も片付けなどを手伝います。回を重ねるごとに、「ただ参加する」といった形から、「保護者も一緒にひろばの運営に携わる」ような形になっていきます。

　また、今回の親子ひろばの参加者の多くはリピーターで、きょうだいに在園児がいる保護者、次年度の入園を考えている保護者、あるいは、別の園や児童館などでも一緒の保護者グループなど様々です。ただし、誰も知り合いのいない親子でも気軽に参加できるように、参加者は、毎回固定としていません。プログラム構成においても、前半は、親子だけでも落ち着いてじっくり遊べるような活動を、そして、少し場の雰囲気に慣れてきたところで、後半に全体で参加するゲームやレクリエーションを設定するなどの配慮がなされています。また、親子で一緒に手遊びをしたり、挨拶をしたり、就園前の子どもたちが次年度からの幼稚園生活に少しでも慣れることができるような工夫もなされています。

実践事例から読み解く
子育て支援

事例
2 ●●●●●●●●●●●● 在園児

ちゅーりっぷクラブ

【在園児対象の預かり保育】
江戸川区 東一の江幼稚園における実践②

活動の概要

　在園児を対象とした預かり保育「ちゅーりっぷクラブ」は、春、夏、冬の長期休みも含め、平日ほぼ毎日実施されています。定員は1日20名まで、そのうち就労型預かり保育として月10名の利用児がいます。利用料金と利用時間は、早朝が8：00から30分間（200円）、一日保育終了後は、13：30～17：00（うち何時間利用でも1日800円）、午前保育終了後は、11：00～17：00（同じく1日1,000円）、長期休み中は、9：00～17：00（同じく1日1,500円）となっています。預かり保育専属の保育者が3名おり、長期休み期間、通常期間ともに2名ずつのシフト体制で保育を行っています。

　20名という少人数ならではの特徴を生かし、園庭や室内での活動だけでなく、時には園バスを使って少し遠くまで出掛けて行ったりするなど、イベント的な活動を取り入れることもあります。

事例から学ぶ

　預かり保育を運営するにあたっては、担当者、定員、料金設定、保育内容など、いろいろな面で試行錯誤を繰り返しているとのことでした。まず、担当者については、教育課程に係る教育時間内のクラスを受けもつ保育者の負担を軽減するため、専属の担当者を配置しています。3名の保育者はいずれも、元職員や元在園児の保護者などで、当園の保育方針などをよく理解していることが特徴です。課題は、クラス担任の保育者との間での日常的な情報共有、意見交換などの難しさです。預かり保育が終了する17：00には、クラス担任の保育者の終業時刻となるので、その後に会議の時間などを設定するのは難しく、細かな情報のやり取りをする時間をどう確保していくか考えていく必要があるそうです。定員については、場所の確保や担当保育者の人数などの制限により、20名の受け入れが現時点では限界とのことでした。また、就労支援型で固定の10名を除き、預かり保育の利用児は、毎日メンバーが変わりますし、年齢構成も日によって違います。それでも、教育課程に係る教育時間内での活動内容を意識しながら、子どもたちの遊びに緩やかなつながりがもたせられるよう、配慮しています。そして、担当保育者の専門性や保育内容の質を担保していくためには、どうしても費用がかかります。そのため、近隣の園と比較して、利用料金が若干高めに設定されています。

　こうしたことも含め、預かり保育の目的や趣旨について保護者に理解を求めることが大切です。

▲ 預かり保育：保育者と子どもたち

15. 今後の幼児教育とは

白梅学園大学大学院　特任教授

無藤　隆

1. 幼児教育としての共通性の確保

このところ、３歳以上の幼児期の施設（すなわち、幼稚園・保育所・幼保連携型認定こども園）での教育を「幼児教育」と呼ぶことが増えてきました（なお、「幼児期」として乳幼児期を指す用法もあり、その場合、幼児教育は乳幼児期全体の施設での教育を指します）。それにともない、今回の改訂（改定）の主要なねらいは、幼稚園教育要領、保育所保育指針、幼保連携型認定こども園教育・保育要領の３歳以上について、共通の記載とすることなのです。その結果として、保育内容の５領域はすべての幼稚園・保育所・認定こども園の３歳以上について同一のものが指導されることになります。

とはいえ、法律上は幼稚園と幼保連携型認定こども園は学校であり、保育所は児童福祉法上の児童福祉施設であり、学校ではありません。保育所はあくまで保育を必要とする子どもを預かる施設として規定されています。だが、そうではあっても、いくつかの理由により、保育所も幼稚園と同様の幼児教育を行うだけの実質が伴うようになってきたのです。

第１に、幼稚園と保育所の小学校入学前の５歳児の段階での就園率が同程度になってきたことです。それぞれ40％台半ば（2016年度）あたりでしょう。認定こども園は５％から徐々に増えていくと思われます。要するに、日本の子どもたちの半分は幼稚園、半分は保育所（園）に行く時代となったのです。だとすれば、幼稚園の教育が重要ならそれは保育所の子どもにも受けられるようにし、保育所の教育が重要ならばそれは幼稚園の子どもにも受けられるようにしなければならないはずです。つまり、統合でないにしても、幼児教育のある程度の共通化は不可欠だと思われます。

第２に、世界的に幼児期の教育を重視する動きが高まってきました。もとより、幼児教育に関わる人はその教育が重要だと信じてやってきたのであり、その歴史は日本でも140年ほどあるし、ヨーロッパはさらに古いのです。ただ、世界の多くの国で幼児教育の実践者と研究者以外の世間一般、特に施策を決める政治家などの認識が改まってきたのがおおむねは1990年代以降であろうし、アジア圏でいえば、2000年以降であると言えるでしょう。特に一部のアジアの国々の幼児教育への投資は既に日本を追い越してもいます（子ども一人あたりで）。それは何より、世界のいろいろな国でしっかりとした研究調査がなされ、実証的に幼児教育の成果がその後の学業のみならず人生において重要なことが分かってきたからです。日本の場合、待機児問題や女性の就労機会の拡大の問題があるのですが、同時に、幼児教育の質の向上の課題が認識され、そこに予算が少しずつではあるが増えていくようになりましたし、何より国の方針としてかなり優先順位の高い施策になっているのです。

第３に、幼児教育の実践の向上が挙げられるでしょう。保育所保育指針は何回かの児童福祉法と併せての改定を通して、保育者の業務規定、専門性のあり方、幼稚園教育要領と対等の大臣告示の位置付け、さらに今回は本格的な幼児教育の導入と幼稚園との対等化などがなされました。幼稚園もまたその研修の拡大・改善に努め、公立幼稚園はもとより、私立幼稚園の多くも努力を向けるようになったのです。

そういったことが相まって、「幼児教育」の充実や無償化が国の大きな施策となってきています。義務教育ではないにしても、それに準じる教育の位置付けを担うようになったのです。その詳細な具体化が今回の改訂（改定）の最大のポイントなのです。

2. 幼児教育と小学校以上の教育を貫く柱を確保する

今回の改訂・改定の大きなポイントの二つ目が幼児教育と小学校以上の教育を貫く柱を明確にするということです。その成長の基底にあり、0歳から18歳までさらにその先へと成長していく「力」を「資質・能力」と呼びました。資質・能力によって、幼児教育と小学校以上の学校教育で育成される子どもの力を共通に表します。それは従来の学校教育の捉え方を引き継ぎつつ、「知識・技能」、「思考力・判断力・表現力等」、「学びに向かう力・人間性等」という3つの柱を基本としています。それらは簡単に言えば、知識と、それを使って考える知的な力と、意欲をもって取り組みまた人と協力する、情意的また協働的な力からなります。これらは、実際の教育においては、相互に循環的に育成されていきます。

0歳から18歳まで、子どもたちは0歳から始まる資質・能力の芽生えから、それが少しずつしっかりとしたものになっていき、小学校以降、教科等の授業の中で形成されていき、高校卒業以降、大学や社会の中で活躍する際の力の骨格となるのです。大事なことは、これが下から上へと成長していくものだということと、個々の教科や活動などの個別の学びを含み込みつつ、人間を根底から動かす力（コンピテンシー）としての成長なのだということにあります。そのことにより、年齢や教科等により教える中身もやり方も著しく異なりながらも、共通の力の育成に携わるのだということが明確になりました。それは決して、小学校以上の教え方を下に降ろすということで幼児教育を変えていくことではないのです。今までの幼児期にふさわし

いやり方をさらに進め、その人間としての土台を形成していく力を上の段階の学校へと発展させていこうというのです。

具体的に幼児期の教育と小学校教育を接続する際には、その資質・能力の考えをとりながら、それを保育内容や小学校の教科内容や授業の在り方の中に組み込んで捉える必要があります。幼児教育のやり方は幼児期にふさわしいものです。小学校教育の在り方は児童期にふさわしいものです。では、そのつなぎ目はどうしたらよいのでしょうか。子どもが幼児期に学んだ力（資質・能力）をいわば、もって、小学校に行くのだから、それを小学校の教育の始まりに生かし、その上に立って、それを伸ばす形で少しずつ教科の教育へと移行すればよいのです。ただ、その際、資質・能力ではあまりに抽象的で見えにくいので、それを幾つかの子どもの活動での様子に整理して表し、その「姿」に向けて幼児教育側は育てていき、小学校側はそれがある程度育っていることを確認し、その先へと育成していきます。そうだとすれば、幼児教育で育ってきた子どもの姿を幾つかにまとめておくと、小学校側にとって幼児教育の成果が見えやすいものとなります。幼児教育側にとっては、その姿の実現へと資質・能力が育っていくという長期の育成の目当てが生まれてきて、学年・年齢を超えた育ちを可能にしていくことができます。それが今回定められた「幼児期の終わりまでに育ってほしい姿」なのです。

3. 保育のプロセスとしての幼児教育の見方・考え方

保育者は、幼児との信頼関係を十分に築き、幼児が身近な環境に主体的に関わり、環境との関わり方や意味に気付き、これらを取り込もうとして、試行錯誤したり、考えたりするようになる幼児期の教育における見方・考え方を生かし、幼児とともによりよい教育環境を創造するように努めるものとするとされています。

第1に幼児教育は環境を通しての教育（保育）です。

その意味は小学校教育と対比すると分かるでしょう。小学校の例えば算数の授業であれば、教材は主たる教材としての教科書、算数セット、ノート、黒板の前の掛け図など、教師が黒板に板書するものなどであり、子どもはそれらの教材に集中して取り組むことが期待され、実際にそれができるような発達の時期にきているものです。それに対して、幼児では、子どもが身近な環境で出会うすべてがいわば「教材」です。そこに関わり、活動が展開し、子どもが発見し、学んでいきうるものなのです。それは砂場や積み木や絵本やプランターなどでしょうし、時には雪が降ってきたら、それも教材かもしれません。幼児教育では融通を利かせて、子どもの出会うものすべてへの関わりを促し、学びを可能にしていくのです。

　第2にそのためには子どもの生活における主体性と自発的な活動としての遊びを確保しなければなりません。環境は単にそこにあれば、子どもが学ぶのではなく、子どもの積極的な関わりがあって、子どもの発想が生かされていってこそ、学びが生まれるのです。そのことを子どもの主体性を育てることや遊びを大事にすると呼んでいるのです。

　第3にそこに関わり、子どもの活動を援助するのは専門家である幼稚園教諭や保育士・保育教諭であるのです。それらの専門家は単に子どもを安全に預かるだけの人ではありません。幼稚園教育、保育所保育、認定こども園の教育・保育に関わり、それらについて絶えず研修を行っている専門性の高い人たちの仕事なのです。

4．全体的な計画・指導計画

　幼稚園においては、教育課程を中心に、教育課程に係る教育時間の終了後等に行う教育活動の計画、学校保健計画、学校安全計画などとを関連させ、一体的に教育活動が展開されるよう全体的な計画を作成するものとしています。保育所は、保育の目標を達成するために、各保育所の保育の方針や目標に基づき、子どもの発達過程を踏まえて、保育の内容が組織的・計画的に構成され、保育所の生活の全体を通して、総合的に展開されるよう、全体的な計画を作成しなければならないとあります。　その全体的な計画は、子どもや家庭の状況、地域の実態、保育時間などを考慮し、子どもの育ちに関する長期的見通しをもって適切に作成されるのであり、また、全体的な計画は、保育所保育の全体像を包括的に示すものとし、これに基づく指導計画、保健計画、食育計画等を通じて、各保育所が創意工夫して保育できるよう、作成されなければならないのです。したがって、幼稚園でも保育所でも認定こども園（後述参照）でも、全体的な計画に基づき、具体的な教育・保育が適切に展開されるよう、子どもの生活や発達を見通した長期的な指導計画と、それに関連しながら、より具体的な子どもの日々の生活に即した短期的な指導計画を作成することとします。要するに、目標・ねらいをまとめたものが全体的な計画であり、指導計画は長期・短期に子どもの状況その他に応じて柔軟に変更を含めて、展開するものなのです。

5．カリキュラム・マネジメント

　幼稚園にあっては、全体的な計画にも留意しながら、「幼児期の終わりまでに育ってほしい姿」を踏まえ教育課程を編成すること、教育課程の実施状況を評価してその改善を図っていくこと、教育課程の実施に必要な人的又は物的な体制を確保するとともにその改善を図っていくことなどを通して、教育課程に基づき組織的かつ計画的に各幼稚園の教育活動の質の向上を図っていくことに努めるものとされていて、これを「カリキュラム・マネジメント」と呼びます。

　保育所ではその用語はありませんが、同趣旨の言い方が盛り込まれています。すなわち、保育所は、評価の結果を踏まえ、当該保育所の保育の内容等の改善を図るのであり、その際、保育の計画に基づく保育、保

育の内容の評価及びこれに基づく改善という一連の取り組みにより、保育の質の向上が図られるよう、全職員が共通理解をもって取り組むようにしていきます。

6. 養護とは

　保育所保育指針において、保育における養護とは、子どもの生命の保持及び情緒の安定を図るために保育士等が行う援助や関わりであり、保育所における保育は、養護及び教育を一体的に行うことをその特性とするものであり、保育所における保育全体を通じて、養護に関するねらい及び内容を踏まえた保育が展開されなければならないとされます。実は幼稚園教育要領においても、幼児は安定した情緒の下で自己を十分に発揮することにより発達に必要な体験を得ていくものであることを考慮して、幼児の主体的な活動を促し、幼児期にふさわしい生活が展開されるようにすることとされており、養護の用語はともかく、養護と同様の趣旨が盛り込まれていることが分かります。生命の保持は学校保健安全法に記されています。

7. 幼児教育の資質・能力

　資質・能力の3つの柱は幼児期にふさわしく、次のように言い換えられています。

(1)「知識及び技能の基礎」

　豊かな体験を通じて、感じたり、気付いたり、分かったり、できるようになったりする。

(2)「思考力、判断力、表現力等の基礎」

　気付いたことや、できるようになったことなどを使い、考えたり、試したり、工夫したり、表現したりする。

(3)「学びに向かう力、人間性等」

　心情、意欲、態度が育つ中で、よりよい生活を営もうとする。

　(1)は簡単に言えば気付く力であり、できる力です。できるとは例えば縄跳びが跳べるとか、少し高いところから降りられるといったことですし、気付くとは砂に水を流したら黒くなって団子に固めやすいと分かることなどのことで、保育では日々起きていることでしょう。

　(2)は考える力です。特に試し工夫するところで発揮されます。どうすれば上手に砂場にといを使って水を流せるかと思って、といの傾斜や組み立てを工夫する様子はまさに頭をしっかりと使って考えながら活動しています。

　(3)は学びに向かう力などです。心が動かされ、そこでやってみたいことが生まれ、それを粘り強く取り組んで完成に向かわせる。そういった心情と意欲と態度がつながって、頑張る力へと発展していくのです。それはいわば「楽しく頑張る力」とでも言えるでしょう。

　それらは幼児の遊びの中で相互につながり合って育っていくものです。総合的な指導がまさに必要になります。

8. 幼児期の終わりまでに　育ってほしい姿
（幼稚園教育要領・保育所保育指針等や、その解説書を参考にしています）

　資質・能力は，保育内容の5つの領域におけるねらい及び内容に基づく活動全体によって育むものです。それに対して、次に示す「幼児期の終わりまでに育ってほしい姿」は、保育内容のねらい及び内容に基づく活動全体を通して資質・能力が育まれている幼児の幼稚園修了時の具体的な姿であり、教師が指導を行う際に考慮するものです。

　「姿」であることに大事な意味が込められています。

それは「力」でもなく、「行動」でもなく、具体的に様々な活動を通して見えてくる子どもの様子であり、保育者がそこに関わり、思い当たることが多いからこそ「姿」と呼びます。さらに、この10の姿は乳児期からそして、2歳3歳へと少しずつ育ってきて、それが5歳児後半の段階で10の姿に分かれていっているのです。そして小学校に入って、スタート・カリキュラムが始まり、徐々に教科等の授業へと移行しますが、そのように幼児期に完成するということでなく、「なっていく」姿なのです。

　10の姿は乳幼児の活動全体を通してそちらに向かって伸びていく様子を示します。資質・能力は乳児から始まって18歳ないしそれ以上に向けて成長していく根幹です。保育内容の5領域のねらいと内容はその時期ごとの活動の内容の指導のポイントが示されています。このように、「比較的短い期間で意識するねらいと内容」、「乳幼児期全体の育ちの方向性として意識する10の姿」、そして「乳児から大人になっていく極めて長期の成長としての在り方である資質・能力」という3段階の構成により、幼児教育が構造化されています。

　なお、10の姿の一例として、「健康な心と体」は、「幼稚園生活の中で、充実感をもって自分のやりたいことに向かって心と体を十分に働かせ、見通しをもって行動し、自ら健康で安全な生活をつくり出すようになる」とあり、「十分に」とか「見通しをもって」とか「生活をつくり出す」など、5歳児の後半らしい表現が使われています。同時に、それはまだ完全ではないとして「ようになる」と語尾をまとめています。確かに、5歳児特に後半ならある程度「生活をつくり出す」ことが可能になると思いますが、2歳や3歳では多少できていくにしても十分にはほど遠いでしょう。といって、5歳児で完成するとは思えず、もっと先にまで伸びていくでしょうから、それは小学校で引き受けて、スタート・カリキュラムを経て、小学校の教科等の学習で伸ばしていくのです。

　10の姿を解説書に準じて簡単に説明しましょう。❶健康な心と体 は、領域「健康」などで示されているように、他者との信頼関係の下で、自分のやりたいことに向かって伸び伸びと取り組む中で育まれていきます。子どもは、園生活において、安定感をもって環境に関わり、自己を十分に発揮して遊びや生活を楽しむ中で、体を動かす気持ち良さを感じたり、生活に必要な習慣や態度を身に付けたりしています。5歳児後半の子どもは、こうした積み重ねを通して、充実感をもって自分のやりたいことに向かって、繰り返し挑戦したり諸感覚を働かせ体を思い切り使って活動したりするなど、心と体を十分に働かせ、遊びや生活に見通しをもって自立的に行動し、自ら健康で安全な生活をつくり出すようになるのです。この頃の子どもは、園生活の流れや、園全体の適切な環境の中で、時間や空間などの見通しをもって進んで生活するようになります。

❷自立心 は、領域「人間関係」などで示されているように、園生活において、保育者との信頼関係を基盤に自己を発揮し、身近な環境に主体的に関わり自分の力でいろいろな活動に取り組む中で育まれます。子どもは、身近な環境に主体的に関わり様々な活動を楽しむ中で、信頼する保育者に支えられながら、物事を最後まで行う体験を重ね、自分の力でやろうとする気持ちをもったり、やり遂げた満足感を味わったりするようになるのです。5歳児の後半には、遊びや生活の中で様々なことに挑戦し、失敗も繰り返す中で、自分でしなければならないことを自覚するようになります。保育者や友達の力を借りたり励まされたりしながら、難しいことでも自分の力でやってみようとして、考えたり、工夫したりしながら、諦めずにやり遂げる体験を通して達成感を味わい、自信をもって行動するようになるのです。

❸協同性 は、領域「人間関係」などで示されているように、保育者との信頼関係を基盤に他の子どもとの関わりを深め、思いを伝え合ったり試行錯誤したりしながら一緒に活動を展開する楽しさや、共通の目的が実現する喜びを味わう中で育まれていきます。子どもは、友達との関わりの中で様々な出来事を通して、うれしい、悔しい、悲しい、楽しいなどの多様な感情体

験を味わい、友達との関わりを深めていくのです。その中で互いの思いや考えなどを共有し、次第に共通の目的をもつようになります。5歳児の後半には，その目的の実現に向けて、考えたことを相手に分かるように伝えながら、工夫したり、協力したりし、充実感をもって子ども同士でやり遂げるようになるのです。

❹道徳性・規範意識の芽生え は、領域「人間関係」などで示されているように、園生活における他の子どもとの関わりにおいて、自分の感情や意思を表現しながら、ときには自己主張のぶつかり合いによる葛藤などを通して互いに理解し合う体験を重ねる中で育まれていきます。子どもは、他の子どもと様々な体験を重ねる中で、して良いことや悪いことが分かるようになっていきます。5歳児の後半には、友達や周囲の人の気持ちを理解し、自分の行動を振り返ったり、友達の気持ちに共感したりし、相手の立場に立って行動するようになるのです。また、園生活の積み重ねの中できまりを守る必要性が分かるようになり、クラスの仲間と心地良く生活したり、より遊びを楽しくしたりするために、自分の気持ちを調整し、友達と折り合いを付けながら、きまりをつくったり、守ったりするようにもなります。

❺社会生活との関わり は、領域「人間関係」などで示されているように、園生活において保護者や周囲の人々に温かく見守られているという安定感に基づいた保育者との信頼関係を基盤に、クラスの子どもとの関わりから園全体へ、さらに地域の人々や出来事との関わりへと、次第に広がりをもっていきます。子どもは、初めての集団生活の場である園生活を通して、保育者との信頼関係を基盤としながら園内の子どもや教職員、他の子どもの保護者などいろいろな人と親しみをもって関わるようになるのです。その中で、家族を大切にしようとする気持ちをもつとともに、小学生や中学生、高齢者や働く人々など地域の身近な人と触れ合う体験を重ねていきます。5歳児の後半になると、人との様々な関わり方に気付き、相手の気持ちを考えて関わり、自分が役に立つ喜びを感じ、地域に親しみをもつようになります。

❻思考力の芽生え は、領域「環境」などで示されているように、周囲の様々な環境に親しみ、興味をもって積極的に関わるようになることから、次第に、好奇心や探求心をもって関わり、自分から気付いたり、発見を楽しんだりする中で育まれていきます。子どもは、身近な事象に積極的に関わる中で、物の性質や仕組みなどを感じ取ったり、気付いたりするようになるのです。5歳児の後半になると、遊びが深まる中で、物の性質や仕組みなどを生かしたり、考えたり、予想したり、工夫したり、確かめたり、振り返ったりするなど、身近な環境との多様な関わりを楽しむようになります。また、友達の様々な考えに触れる中で、自分と異なる考えがあることに気付き、自ら判断したり、考え直したりするなど、新しい考えを生み出す喜びを味わいながら、自分の考えをより良いものにするようにもなります。

❼自然との関わり・生命尊重 は、領域「環境」などで示されているように、園生活において、身近な自然と触れ合う体験を重ねながら、自然への気付きや動植物に対する親しみを深める中で育まれていきます。子どもは、園内外の身近な自然に触れて感動する体験を通して、自然の変化などを感じ取り、関心が高まっていくのです。5歳児の後半には、好奇心や探究心をもって考えたことを言葉などで表現しながら、自然現象を遊びに取り入れるなどを通して、身近な事象への関心が高まるとともに、自然への愛情や畏敬の念をもつようになります。また、身近な動植物に愛着をもって関わる中で、生まれてくる命を目の当たりにして感動したり、ときには死に接したりし、生命の不思議さや尊さに気付き、大切にする気持ちをもって関わるようにもなります。

❽数量や図形、標識や文字などへの関心・感覚 は、領域「環境」などで示されているように、日常生活の中で、数量や文字等に接しながらその役割や機能に気付き、興味や関心に基づいて使うなどのことを通して育まれていきます。子どもは遊びや生活の中で、数量や図形、標識や文字などに親しむ体験を重ね、5歳児の後半になると、自分たちに関係の深い数量、長短、

広さや速さ、図形の特徴や、標識や文字が人と人とをつなぐ役割をもつことなどに気付き、自らの必要感に基づいて数えたり、比べたり、組み合わせたりすることや、文字などを読んだり、書いたり、使ったりするなど活用し、数量や図形、標識や文字などへの興味や関心・感覚をもつようになるのです。

❾言葉による伝え合い は、領域「言葉」などで示されているように、身近な親しい人との関わりや絵本や物語に親しむ中で、様々な言葉や表現を身に付け、自分が経験したことや考えたことなどを言葉で表現し、相手の話を興味をもって聞くことなどを通して、育まれていきます。子どもは保育者や友達と心を通わせる中で、絵本や物語などに親しみながら、豊かな言葉や表現を身に付けていきます。5歳児の後半になると、伝える相手や状況に応じて、言葉の使い方や表現の仕方を変えるなど、経験したことや考えたことなどを相手に分かるように工夫しながら言葉で伝えたり、相手の話を注意して聞いて理解したりし、言葉による伝え合いを楽しむようになるのです。

❿豊かな感性と表現 は、領域「表現」などで示されているように、園生活の様々な場面で美しいものや心を動かす出来事に触れてイメージを豊かにし、表現に関わる経験や楽しさを積み重ねながら、育まれていきます。子どもは、生活の中で美しいものや心を動かす出来事に触れ、みずみずしい感性を基に、思いを膨らませ、様々な表現を楽しみ、さらに感じたり考えたりするようになるのです。また、自分の素朴な表現が保育者や他の子どもに受け止められることを通して、動きや言葉などで表現したり、演じて遊んだりするなど、表現する喜びを味わいます。このような体験の積み重ねの中で、5歳児後半になると、様々な素材の特徴や表現の仕方などに気付き、感じたことや考えたことを自分で表現したり、友達と工夫して創造的な活動を生み出し、友達同士で表現する過程を楽しんだりし、表現する喜びを味わい、意欲をもつようになります。

９．乳児保育からの育ち

その一方で、乳児保育の規定（保育所保育指針等）を見てみると、今回改定され、「自分（特に体）との関わり」、「人（特に身近な大人）との関わり」、「もの（身近な）との関わり」からなり、それが1・2歳児で5領域へと発展することが示されています。

上記3つの関わりを示す項目は以下のようになっています。

ア：健やかに伸び伸びと育つ

健康な心と体を育て、自ら健康で安全な生活をつくり出す力の基盤を培う。

10の姿の「健康な心と体」と比べて分かるように、同様の言い方が使われ、ただ、乳児として「力の基盤を培う」とされています。3歳以上では逆に、「見通しをもって」が入り、発達的な発展が明確にされているのです。ここから分かるように、10の姿は乳児期からの成長の筋道の5歳児後半時点の姿を表すものであり、その始まりは乳児期にあります。たとえ、幼稚園であろうと、家庭での育ちはこの乳児保育に類したところから始まるに違いありません。そのことを承知して、育ちのつながりの上で特定の年齢での保育を開始するのです。

イ：身近な人と気持ちが通じ合う

受容的・応答的な関わりの下で、何かを伝えようとする意欲や身近な大人との信頼関係を育て、人と関わる力の基盤を培う。

身近な大人とは保育所や認定こども園では、その子どもを担当する保育士・保育教諭です。その大人との信頼関係あるいは愛着関係が安定して成り立って、子どもは安心して園にいられ、そこから周りへの関心が広がり、少しずつ環境を探索していきます。人間関係は他の職員さらにクラスの同じ仲間、さらに年長児へと広がっていくことでしょう。これが好きな友達と仲

良く遊ぶことを経て、いずれ「協同性」へと発展していきます。

ウ：身近なものと関わり感性が育つ

　身近な環境に興味や好奇心をもって関わり、感じたことや考えたことを表現する力の基盤を培う。

　身の回りにある玩具やその他の生活の品々、あるいは歩く床や階段その他、多数の「もの」が置かれてあります。そこに乳児も触り、時に口に入れ、叩いたり、と様々に関わります。そこから、知的な発達が始まります。注目してよいのは、乳児が既に感じ考えること、興味や好奇心をもって関わることを明示していることです。当然なのですが、乳児は乳児なりに考える存在であり、環境に能動的主体的に関わる存在なのです。その関わり方が発達とともに複雑になり、いわば自分の内面で感じ考えることに有能になっていきますが、その始まりは既に乳児期にあるのです。

　このような乳児期の3つの関わりから、1歳代に入ると言葉が出てきて、さらに1歳代半ばになれば見立てるなど表現の芽生えが生まれ、活動の内容が5つの領域へと発展していきます。10の姿とはその始まりが乳児期さらに1・2歳児にあり、それが徐々に10の姿へと広がり、展開して発達していきます。

10. 認定こども園の特徴

　今回の3法令の同時改訂（改定）をいわば先取りしたのが、幼保連携型認定こども園教育・保育要領です。そこでは、幼稚園と保育所の在り方を合わせることにより、幼稚園と保育所の共通性を明確にしつつ、学校教育としての教育と保育を必要とする子どもの保育を一体的に扱うという「教育及び保育」の捉え方を提示しました。

　幼保連携型認定こども園には、0歳から小学校就学前までの園児が在園しています。保護者の就労その他の家族の生活形態等を反映した状況により、一人一人

の入園時期や在園時間等は異なりますが、それらの違いに関わらず、どの園児にも平等に、幼保連携型認定こども園の教育及び保育が行われる必要があります。教育及び保育は、園児が登園してから降園するまでの一日を通して行われ、また、入園してから修了するまでの在園期間全体を通して行われます。そのことにより、園児一人一人の発達や学びの連続性を押さえた育ちを確保することができます。つまり、養護と教育の一体としての保育はあらゆる園の活動のいわば底部にあって、子どもたちの活動を支えていきます。そこに、3歳以上において、通常数時間程度、自発的な活動としての遊びが盛り上がり、子どもたちが集中して活動する時間帯が生まれるよう、保育教諭が指導していきます。その部分を学校教育としての教育と呼びます。

　全体的な計画は、「幼児期の終わりまでに育ってほしい姿」を踏まえた質の高い教育及び保育並びに子育ての支援等を目指して、幼保連携型認定こども園の全体像を包括的に示した、園の基本構想等となるものです。教育及び保育の内容に関する全体的な計画としては、満3歳以上の園児の教育課程に係る教育時間の教育活動のための計画と、満3歳以上の保育を必要とする子どもに該当する園児の保育のための計画、満3歳未満の保育を必要とする子どもに該当する園児の保育のための計画と、学校安全計画、学校保健計画、食育計画等が含まれます。

　また、幼保連携型認定こども園においては、地域の実態に応じた子育て支援等が行われます。子育て支援等の内容の計画としては、地域の実態や保護者の要請により教育を行う標準的な時間の終了後等に希望する者を対象に一時預かり事業などとして行う活動のための計画が必要です。さらに延長保育、夜間保育、休日保育などを実施している場合には、それらも含めて園児の園生活全体を捉えた計画が必要です。

　ただし、これらの計画はそれぞれに作成するものではなく、幼保連携型認定こども園においては、教育及び保育の内容についての相互関連を図り、調和と統一のとれた計画であることが重要です。「一体的に提供する」ということは、単に、義務教育及びその後の教

育の基礎としての満3歳以上の園児に対する教育と、保育を必要とする子どもに該当する園児に対する保育のそれぞれに時間を確保していればよいということではないのです。園児の生活や発達を見通して園児一人一人にとって、無理なく自然な流れで構成されることなのです。このようなことを通して質の向上に向かうことが認定こども園でのカリキュラム・マネジメントにもつながるでしょう。

11. 小学校教育との接続

　小学校低学年は、幼児期の教育を通じて身に付けたことを生かしながら教科等の学びにつなぎ、児童の資質・能力を伸ばしていく時期です。幼児教育では資質・能力の3つの柱を一体的に育むように努めることや、幼児期の教育を通して資質・能力が育まれている幼児の具体的な姿を幼児期の終わりまでに育ってほしい姿として示しています。この幼児期の終わりまでに育ってほしい姿を手掛かりに幼児教育側と子どもの成長を共有することを通して、幼児期から児童期への発達の流れを理解するようにします。小学校においては、幼児期の終わりまでに育ってほしい姿を踏まえた指導を工夫することにより児童が主体的に自己を発揮しながら学びに向かい、幼児期の教育を通して育まれた資質・能力をさらに伸ばしていくことができるようにするのです。そのため、1年生の最初には、スタート・カリキュラムを児童や学校、地域の実情を踏まえて編成し、その中で、生活科を中心に、合科的・関連的な指導や弾力的な時間割の編成など、指導の工夫や指導計画の作成を行うことが求められます。すなわち、幼児教育を通して育成してきた資質・能力に基づく幼児期の終わりまでに育ってほしい姿（10の姿）を発揮できるようにして、それをさらに伸ばしつつ、教科等の授業へとつないでいくのです。

12. 今後の幼児教育とは

　大きな3つの動きが顕著になるでしょう。
　第1は、無償教育を目指す中で、義務教育に準じる幼児期の施設の教育として幼稚園・保育所・認定こども園が一緒になって、質の高い幼児教育を推進する体制を整えることです。既に、幼稚園教育要領と保育所保育指針と幼保連携型認定こども園教育・保育要領の共通化を行ったわけですが、それを実質的なものとしていく必要があります。十分に理解をするのみならず、それを日々の保育に移していくために、各園の全体的な計画や環境構成・指導計画における中身を作り直すのです。
　第2は、認定こども園の拡大と子ども・子育て支援新制度の拡充により、幼稚園と保育所と認定こども園への統合化に向けての動きです。これからの5年間程度で統合されるという見通しはありませんが、この全体的な計画等のガイドラインの共通化に限らず、養成課程や研修やその施設・設備の基準その他ができる限り、同様のものになっていくと思われます。それが第1で無償教育を目指す幼児教育の確立につながるからです。
　第3は、研修体制の確立と充実です。公立幼稚園を例外として、私立幼稚園、保育所、認定こども園等、必ずしも現職の方々の研修体制が十分に整っていませんでした。ようやく現在、キャリア別の処遇体系とそれに連動して研修体系を組む動きが始まっています。それは専門職としての幼稚園教諭・保育士・保育教諭の確立のための不可欠な方向です。専門性開発として、初年、5年、10年、それ以上、主任、さらに園長といったランク別の研修や各園のリーダーのための研修、またそれを外から支える幼児教育アドバイザーの任命とその研修、さらに大学院における高度な実践者の教育訓練や実践的研究者の養成が本格化するでしょう。

姿の実現

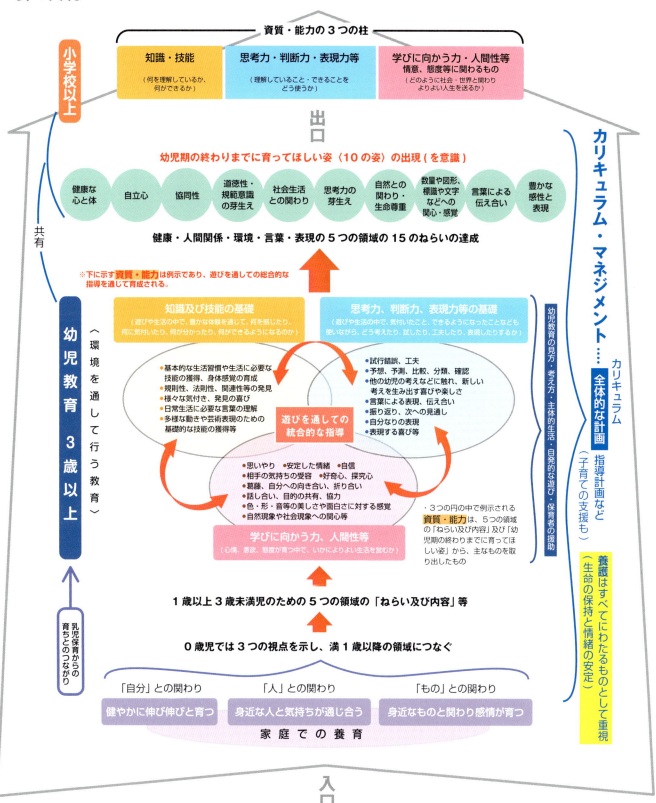

資質・能力の3つの柱

知識・技能	思考力・判断力・表現力等	学びに向かう力・人間性等 情意、態度等に関わるもの
(何を理解しているか、何ができるか)	(理解していること・できることをどう使うか)	(どのように社会・世界と関わりよりよい人生を送るか)

小学校以上

出口

幼児期の終わりまでに育ってほしい姿〈10の姿〉の出現(を意識)

健康な心と体 ／ 自立心 ／ 協同性 ／ 道徳性・規範意識の芽生え ／ 社会生活との関わり ／ 思考力の芽生え ／ 自然との関わり・生命尊重 ／ 数量や図形、標識や文字などへの関心・感覚 ／ 言葉による伝え合い ／ 豊かな感性と表現

健康・人間関係・環境・言葉・表現の5つの領域の15のねらいの達成

カリキュラム・マネジメント…

共有

※下に示す**資質・能力**は例示であり、遊びを通しての総合的な指導を通して育成される。

知識及び技能の基礎
(遊びや生活の中で、豊かな体験を通じて、何を感じたり、何に気付いたり、何が分かったり、何ができるようになるのか)

- 基本的な生活習慣や生活に必要な技能の獲得、身体感覚の育成
- 規則性、法則性、関連性等の発見
- 様々な気付き、発見の喜び
- 日常生活に必要な言葉の理解
- 多様な動きや芸術表現のための基礎的な技能の獲得等

思考力、判断力、表現力等の基礎
(遊びや生活の中で、気付いたこと、できるようになったことなども使いながら、どう考えたり、試したり、工夫したり、表現したりするか)

- 試行錯誤、工夫
- 予想、予測、比較、分類、確認
- 他の幼児の考えなどに触れ、新しい考えを生み出す喜びや楽しさ
- 言葉による表現、伝え合い
- 振り返り、次への見通し
- 自分なりの表現
- 表現する喜び等

遊びを通しての統合的な指導

- 思いやり ●安定した情緒 ●自信
- 相手の気持ちの受容 ●好奇心、探究心
- 葛藤、自分への向き合い、折り合い
- 話し合い、目的の共有、協力
- 色・形・音等の美しさや面白さに対する感覚
- 自然現象や社会現象への関心等

・3つの円の中で例示される**資質・能力**は、5つの領域の「ねらい及び内容」及び「幼児期の終わりまでに育ってほしい姿」から、主なものを取り出したもの

学びに向かう力、人間性等
(心情、意欲、態度が育つ中で、いかによりよい生活を営むか)

幼児教育の見方・考え方・主体的な生活・自発的な遊び・保育者の援助

カリキュラム **全体的な計画** 指導計画など (子育ての支援も)

養護はすべてにわたるものとして重視 (生命の保持と情緒の安定)

1歳以上3歳未満児のための5つの領域の「ねらい及び内容」等

幼児教育3歳以上

〈環境を通して行う教育〉

0歳児では3つの視点を示し、満1歳以降の領域につなぐ

乳児保育からの育ちとのつながり

「自分」との関わり	「人」との関わり	「もの」との関わり
健やかに伸び伸びと育つ	身近な人と気持ちが通じ合う	身近なものと関わり感情が育つ

家庭での養育

入口

編著者●白梅学園大学大学院　特任教授　無藤　隆
＜執筆者・事例協力執筆者・協力園等　一覧＞

1.健康な心と体	千葉大学　教授　松嵜　洋子	塩田　志保里（東京都中央区立京橋朝海幼稚園） 太田　真梨乃（東京都中央区立京橋朝海幼稚園） 千葉県・多古町立多古こども園（写真協力） 浦安市立明海認定こども園（同上） 東京都中野区立弥生保育園（同上） 静岡県・吉田町立さくら保育園（同上）
2.自立心	国立教育政策研究所　総括研究官　掘越　紀香	大分大学教育学部附属幼稚園 奈良教育大学附属幼稚園 奈良市立都跡こども園（写真協力）
3.協同性	玉川大学　教授　大豆生田　啓友	鎌田　大雅（奈良市立都跡こども園） 渡辺　英則（神奈川県・学校法人　渡辺学園 港北幼稚園　園長）
4.道徳性・規範意識の芽生え	白梅学園大学　教授　佐久間　路子	西井　宏之（白梅学園大学附属幼稚園） 戸松　美紀子（浦安市立美浜南認定こども園）
5.社会生活との関わり	大阪総合保育大学　教授　大方　美香	杉本　一久 （京都府・社会福祉法人 宇治福祉園 三室戸こども園）
6.思考力の芽生え	奈良女子大学　准教授　本山　方子	奈良市立鶴舞こども園 中野　寛子（奈良市立帯解こども園） 中西　陽子（奈良市立田原幼稚園）
7.自然との関わり・生命尊重	大阪総合保育大学　教授　瀧川　光治	大阪府・学校法人 常磐会学園 認定こども園 常磐会短期大学付属常磐会幼稚園 大阪府・社会福祉法人 ゆずり葉会 深井こども園 大阪府・学校法人 邨橋学園 たちばな幼稚園（写真協力） 兵庫県・尼崎市立大庄保育所（同上）
8.数量や図形、標識や文字などへの関心・感覚	共立女子大学　教授　白川　佳子	東京都品川区立西五反田第二保育園 東京都・社会福祉法人 小松福祉会 うめのき保育園 神谷　潤（白梅学園大学） 浦安市立若草認定こども園（写真協力） 東京都港区立芝浦アイランドこども園（同上） 東京都・学校法人 野澤学園 東村山むさしの認定こども園（同上）
9.言葉による伝え合い	奈良教育大学　教授　横山　真貴子	鎌田　大雅（奈良市立都跡こども園） 高尾　美咲（奈良市立都跡幼稚園〈実践時〉） 奈良教育大学附属幼稚園（写真協力）
10.豊かな感性と表現	岡山県立大学　教授　吉永　早苗	虫明　淑子・太田　雅子・富谷　知子・村木　真理子 （岡山県・学校法人 虫明学園 中仙道幼稚園） 出井　みどり （岡山県・社会福祉法人 ちとせ交友会 長船ちとせ保育園　園長） 広島県・学校法人 有朋学園 かえでようちえん（写真協力） 東京都・社会福祉法人 仁慈保幼園 多摩川保育園（同上） 岡山県・社会福祉法人 ひまわり会 弓之町保育園（同上）
11.乳児保育	こども教育宝仙大学　准教授　齊藤　多江子	
12.特別支援教育	白梅学園大学　准教授　市川　奈緒子	
13.小学校への接続	福井大学　准教授　岸野　麻衣	
14.子育て支援	目白大学　准教授　荒牧　美佐子	東京都・学校法人 田澤学園 東一の江幼稚園
15.今後の幼児教育とは	白梅学園大学大学院　特任教授　無藤　隆	

プロローグ……小学校１年生による「幼児期の終わりまでに育ってほしい姿」の解説＝中岡雄介（京都市立待賢幼稚園）、中岡みそら

※所属等は、発行または執筆の協力時点のものです。

「幼児期の終わりまでに育ってほしい姿」（10の姿）と重要事項（プラス5）を見える化！

10の姿プラス5・実践解説書

2018年3月　初版発行
2018年12月　第6版発行

編著者　　無藤　隆
発行人　　岡本　功
発行所　　ひかりのくに株式会社

〒543-0001　大阪市天王寺区上本町3-2-14　郵便振替 00920-2-118855　TEL.06-6768-1155
〒175-0082　東京都板橋区高島平6-1-1　郵便振替 00150-0-30666　TEL.03-3979-3112
ホームページアドレス　http://www.hikarinokuni.co.jp

印刷所　図書印刷株式会社　　Printed in Japan
乱丁、落丁はお取り替えいたします。　ISBN 978-4-564-60913-8　C3037　NDC376　128p 26 × 21 cm

ⓒTakashi Muto, Yoko Matsuzaki, Norika Horikoshi,
Hirotomo Omameuda, Michiko Sakuma, Mika Ogata,
Masako Motoyama, Kouji Takigawa, Yoshiko Shirakawa,
Makiko Yokoyama, Sanae Yoshinaga, Taeko Saito,
Naoko Ichikawa, Mai Kishino, Misako Aramaki
Yusuke Nakaoka・2018

STAFF　本文デザイン／太田吉子 本文イラスト／むかいえり
編集担当／安藤憲志 校正／永井一嘉